선생님,
진화론이
뭐예요?

선생님, 진화론이 뭐예요?

제1판 제1쇄 발행일 2021년 6월 28일
제1판 제2쇄 발행일 2022년 8월 19일

기획 | 장동석, 책도둑(김민호, 박정훈, 박정식)
글 | 이상수 · 이정모
그림 | 김규정
디자인 | 이안디자인
펴낸이 | 김은지
펴낸곳 | 철수와영희
주소 | 서울시 마포구 월드컵로 65, 302호(망원동, 양경회관)
전화 | 02-332-0815
전송 | 02-6003-1958
전자우편 | chulsu815@hanmail.net
등록 | 제319-2005-42호
ISBN 979-11-88215-60-7 73470

ⓒ 이상수 · 이정모 · 장동석, 김규정 2021

* 이 책에 실린 내용 일부나 전부를 다른 곳에 쓰려면 반드시 저작권자와 철수와영희 모두한테서 동의를 받아야 합니다.
* 잘못된 책은 출판사나 처음 산 곳에서 바꾸어 줍니다.
* 철수와영희 출판사는 '어린이' 철수와 영희, '어른' 철수와 영희에게 도움 되는 책을 펴내기 위해 노력합니다.

어린이제품 안전특별법에 의한 기타 표시사항
제품명 도서 | **제조자명** 철수와영희 | **제조국명** 한국 | **전화번호** (02)332-0815 | **제조연월** 2022년 8월 | **사용연령** 8세 이상
주소 04018 서울시 마포구 월드컵로 65, 302호(망원동, 양경회관)
주의사항 종이에 베이거나 긁히지 않도록 조심하세요. 책 모서리가 날카로우니 던지거나 떨어뜨리지 마세요.

선생님, 진화론이 뭐예요?

글 이상수 · 이정모 | 그림 김규정

철수와영희

머리말

세상을 바라보는 창, 진화론 이야기

　몇만 년 전까지만 해도 지구에는 우리를 포함해 여섯 종류의 인류가 함께 살았어요. 그중에는 영화 〈반지의 제왕〉에 나오는 호빗족처럼 작은 키의 난쟁이 인류도 있었어요. 이 다양한 인류는 어떻게 진화해 왔을까요? 왜 모두 멸종하고 지금 우리만 남았을까요? 우리도 언젠가 멸종할까요?

　최근 우주 항공 기업 스페이스X의 창업자 일론 머스크가 화성에 인구 100만 명이 거주하는 도시를 건설할 수 있다고 주장했어요. 머스크의 말대로 화성에 도시가 만들어진다면 그곳의 인류에게는 어떤 일이 벌어질까요? 계속 지구인의 모습을 간직할까요? 아니면 지금과는 전혀 다른 '화성인'으로 진화할까요?

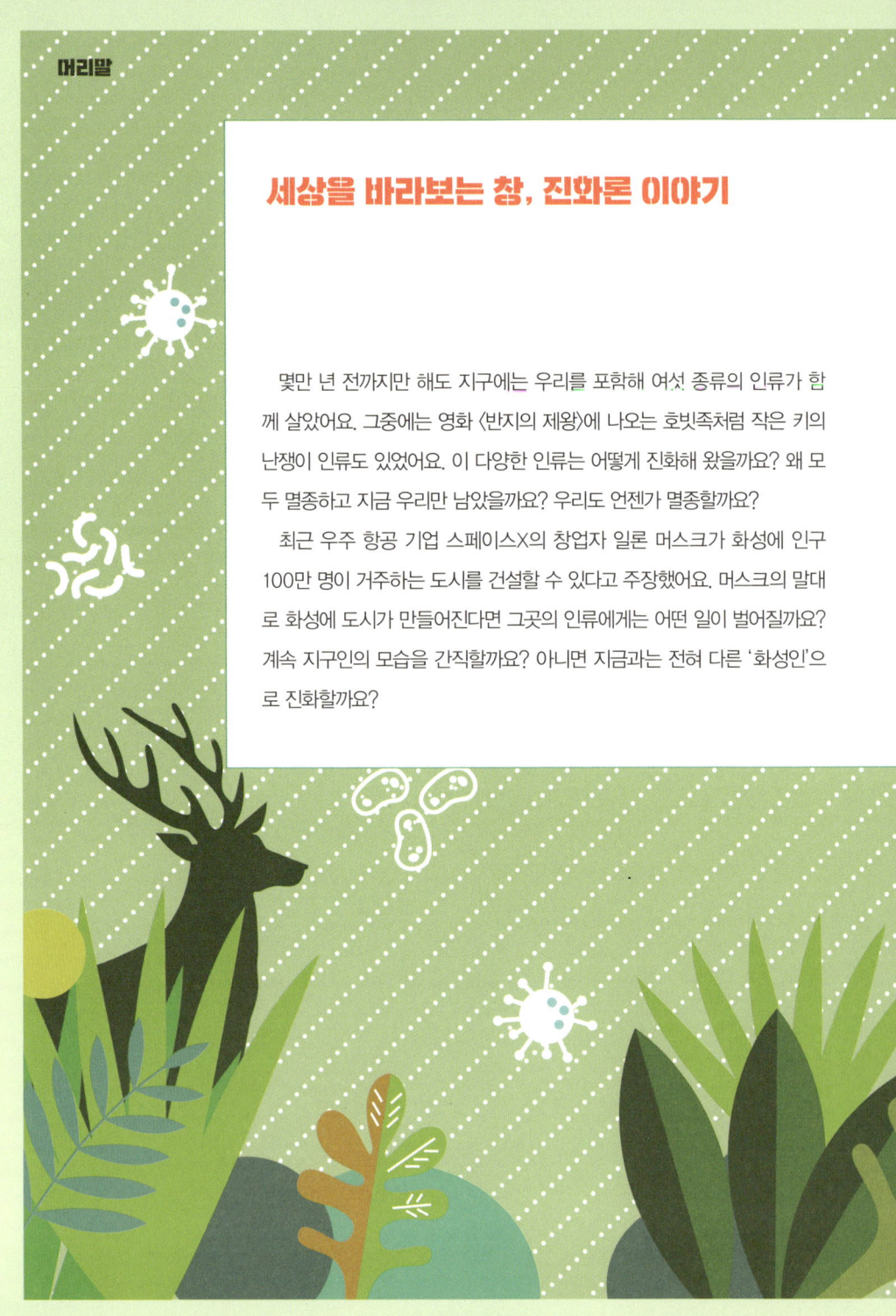

진화론은 이런 질문을 던지고 또 답을 구하는 과학이에요. 지구의 인류뿐만 아니라 화성의 인류에게도 진화는 반드시 일어나요. 심지어 화성으로 가는 우주선에 묻어간 박테리아와 바이러스도 진화의 손길을 피할 수 없어요.

생명이 존재하지 않는다면 세상은 아무런 의미가 없어요. 진화는 모든 생명에게 일어나는 자연 현상이자 그 생명에 대한 기록이에요. 진화론은 진화를 설명하는 과학 이론이지만 세상을 바라보는 창이기도 해요. 세상을 있는 그대로 받아들이기 위해 우리는 진화론을 알아야 해요.

자, 그럼 진화론이 무언지 우리 함께 알아보도록 해요.

이상수, 이정모 드림

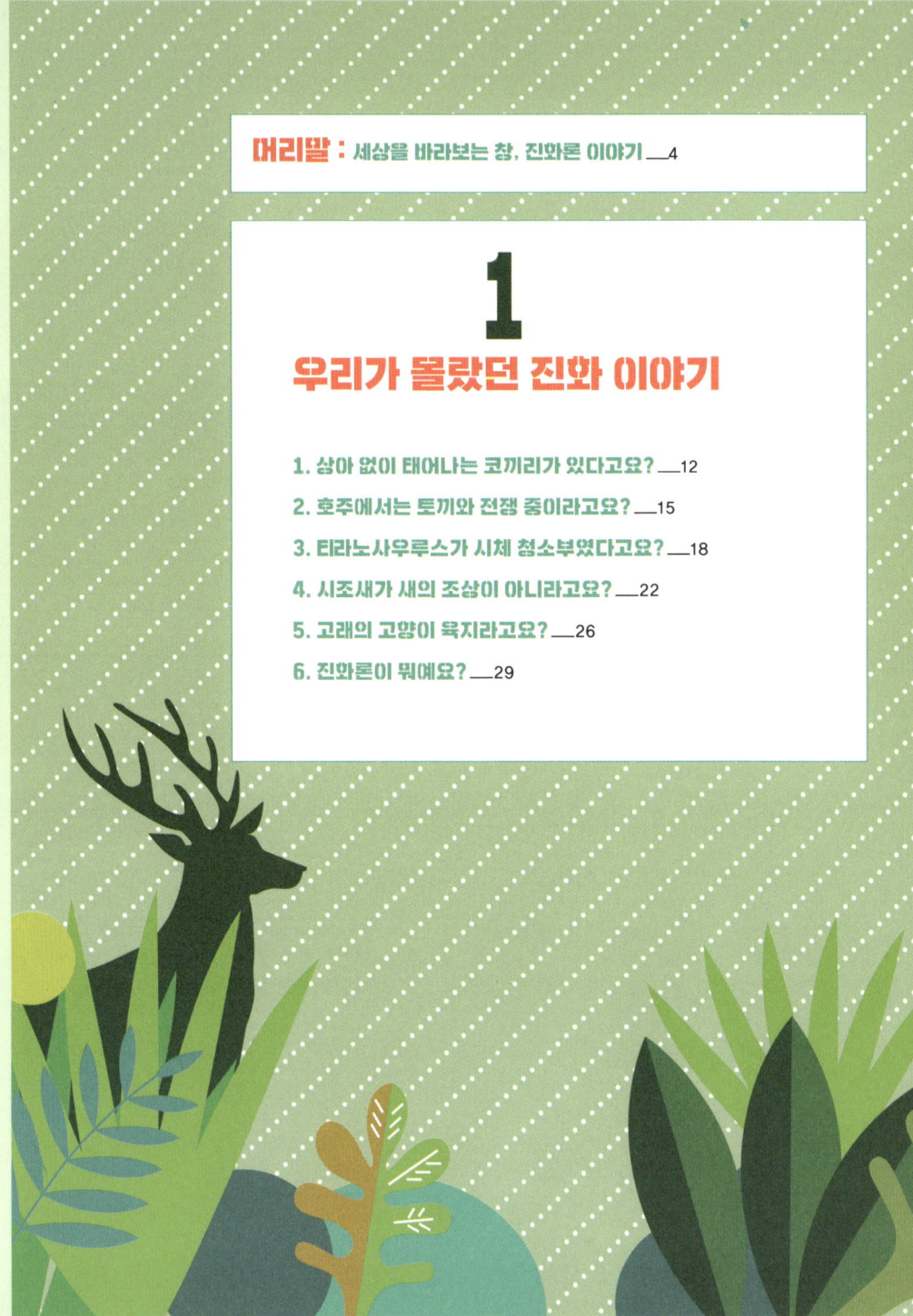

머리말 : 세상을 바라보는 창, 진화론 이야기 ＿4

1

우리가 몰랐던 진화 이야기

1. 상아 없이 태어나는 코끼리가 있다고요? ＿12
2. 호주에서는 토끼와 전쟁 중이라고요? ＿15
3. 티라노사우루스가 시체 청소부였다고요? ＿18
4. 시조새가 새의 조상이 아니라고요? ＿22
5. 고래의 고향이 육지라고요? ＿26
6. 진화론이 뭐예요? ＿29

2
재미있는 진화의 세계

7. 닥스훈트의 다리가 원래는 길었다고요? ___34
8. 바이러스가 진화한다고요? ___37
9. 슈퍼 박테리아는 왜 생겨났나요? ___41
10. 인간이 곤충을 진화시키고 있다고요? ___44
11. 우리나라 무당개구리가 다른 나라 생태계를 파괴한다고요? ___48
12. 사람 눈이 오징어 눈보다 못하다고요? ___52

3
생물들의 기상천외한 생존법

13. 나방 애벌레에 알을 낳는 맵시벌은 잔인한가요? —56
14. 고양이를 죽도록 사랑한 쥐가 있다고요? —59
15. 상어와 산호가 공생을 한다고요? —62
16. 똥이 약이라고요? —64
17. 기생하면 나쁘고 공생하면 좋나요? —67
18. 바나나의 유전자가 모두 똑같다고요? —70
19. 지구 온난화로 바다거북이 멸종 위기라고요? —74

4

진화하는 인류 이야기

20. 두 발 걷기가 중요하다고요? ___80
21. 수다가 인류를 진화시켰다고요? ___83
22. 원시인도 패스트푸드를 좋아할까요? ___86
23. 인류는 어쩌다 최고의 사냥꾼이 되었을까요? ___89
24. 인류가 화성에서 살면 어떻게 될까요? ___92

5

종의 기원 이야기

25. 당신은 원숭이의 후손입니까? ___98
26. '종의 기원'이 뭐예요? ___102
27. 찰스 다윈이 문제아였다고요? ___106
28. 다윈은 왜 비글호를 탔나요? ___109
29. '생명의 나무'가 뭐예요? ___113
30. 자연 선택이 뭐예요? ___117

1
우리가 몰랐던 진화 이야기

1. 상아 없이 태어나는 코끼리가 있다고요?

　진화란 쉽게 말해 생물이 다른 생물로 점차 변해 가는 거예요. 좀 더 정확히 말하면 시간의 흐름에 따라 생물이 변해 가는 현상인데요. 여기서 말하는 시간이란 짧게는 수십 년 길게는 수천만 년을 의미해요. 또 생물이 변해 간다는 것은 개가 늑대에서 나오고 말이 에쿠스$^{말의\ 조상}$로부터 나온 것처럼 시간이 흘러가면서 어떤 생물이 다른 생물 종류로 변해 가는 과정을 의미해요. 그러니까 알에서 깨어난 애벌레가 성충이 되기 위해 모습을 바꿔 나가는 탈바꿈^{변태}은 그냥 성장의 과정일 뿐 진화가 아니에요.

　진화에는 정해진 방향이 없어요. 진화의 결과는 좋은 것일 수도 나쁜 것일 수도 있어요. 하지만 사람들은 대부분 진화가 더 좋아지는 쪽으로 일어난다고 잘못 알고 있어요. 진화는 안 좋은 쪽으로도

일어나요.

 예를 들어 요즘 상아 없이 태어나는 코끼리가 많아졌다고 해요. 상아는 코끼리가 살아가는 데 꼭 필요한 기관이에요. 물을 구할 때 땅을 파고 먹이를 얻을 때 나무껍질을 벗기기도 해요. 즉 상아가 있는 쪽이 없는 쪽보다 생존에 유리하죠. 그런데 사람들이 상아를 얻으려고 코끼리를 사냥하자 진화의 방향이 바뀌었어요. 사냥의 결과 상아가 없는 코끼리만 살아남아 번식하면서 상아 없이 태어나는 코끼리가 많아진 거예요.

 이렇게 진화의 방향이 상아가 있는 쪽에서 없는 쪽으로 바뀌면서 코끼리는 새로운 운명을 맞이하게 되었는데요. 과연 상아가 없는 편이 코끼리에게 좋은 걸까요? 당장은 사냥꾼의 총에 맞아 죽을 염려가 없으니 좋아 보일지 몰라도 상아 없이 야생에서 살아가는 것은 결코 쉽지 않을 거예요.

 진화는 나무와 비슷해요. 나무는 햇빛으로 양분을 만들기 때문에 햇빛이 드는 쪽으로 자라는데요. 여기에 정해진 방향은 없어요. 나뭇가지가 미리 정해진 길을 따라가지는 않아요. 그저 햇빛을 찾아 이쪽저쪽으로 가지를 낼 뿐이죠. 참으로 단순한 규칙이지만 나무가 풍성해지는 비밀이 이것이며 진화가 아름다운 이유 또한 여기에 있어요.

2. 호주에서는 토끼와 전쟁 중이라고요?

 여러분은 '호주' 하면 어떤 동물이 떠오르나요? 캥거루? 아니면 코알라? 웜뱃이나 왈라비까지 생각했다면 정말 많이 아는 친구예요. 그런데 혹시 토끼를 떠올린 친구가 있나요? 아마 없을 거예요. 하지만 토끼만큼 호주에서 유명한 동물도 없어요. 왜냐고요? 지난 150년간 호주에서는 토끼와 전쟁을 치르고 있거든요.

 이 전쟁은 토머스 오스틴이라는 영국인의 사치스러운 취미로부터 시작되었어요. 오스틴은 어릴 적 아버지를 따라 호주로 건너온 이민자였어요. 호주에서 사업으로 크게 성공한 오스틴은 나이가 들면서 고향이 그리워졌어요. 1800년대 당시 영국 부자들의 취미 중 하나는 사냥이었는데요. 오스틴도 호주에서 사냥이 하고 싶어졌어요. 그래서 영국에 있는 사촌에게 사냥용 토끼를 보내달라고 부탁했어요. 호주 대륙은 한반도의 30배가 넘을 정도로 크지만 날쌔게 도망치는 동물이 별로 없어 사냥이 시시했거든요. 사촌은 토끼 24마리를 호주로 보내 줬어요. 그런데 여기서 문제가 생겼어요. 토끼 몇 마리가 탈출한 거예요.

토끼는 번식력이 강해요. 토끼의 자궁은 두 개라 번갈아 가며 임신할 수 있기 때문에 새끼를 밴 상태에서 또 새끼를 가질 수 있어요. 애니메이션 〈쥬토피아〉에서 주인공 주디 홉스의 형제자매가 무려 275명이라고 나오는데요. 이게 실제로도 가능하죠.

호주에도 작은 동물의 천적인 들개나 뱀, 들고양이가 있지만 토끼의 왕성한 번식을 막을 수 없었어요. 무섭게 불어난 토끼는 닥치는 대로 풀밭을 파헤치고 땅속에 미로 같은 굴을 파 코알라의 먹이인 유칼립투스 나무까지 말라 죽였어요. 심지어 마을까지 내려와 가축의 먹이를 해치웠어요. 위기감을 느낀 호주 사람들이 토끼를 잡으려 총을 쏘고 덫을 놓았지만 하루가 다르게 불어나는 토끼를 막지는 못했어요. 3000킬로미터에 달하는 울타리를 쳐서 토끼가 들어오지 못하게 했지만 이마저도 소용이 없었어요. 생각다 못해 천적인 여우를 풀었지만 토끼가 날쌔게 도망치는 바람에 호주의 다른 토종 생물들만 큰 피해를 봤어요.

이에 호주 정부는 1950년 무시무시한 결정을 내렸어요. 토끼에게 치명적인 전염병을 퍼뜨리기로 한 거예요. 1000마리가 걸리면 998마리가 죽는, 즉 치사율이 99.8퍼센트에 달하는 그야말로 죽음의 바이러스로 토끼를 공격했어요. 그러자 수억 마리의 토끼가 죽었어요. 이제 토끼의 운명은 다한 것처럼 보였어요. 그러나 치사율이 100퍼센트가 아니라는 말은 이 바이러스에 저항해 죽지 않는 유전자를

가진 토끼도 있다는 이야기예요. 정확히는 1000마리 중 2마리는 살아남아 새끼를 낳고 다시 토끼 집단을 만들 수 있다는 거죠. 결국 바이러스를 이기는 유전자를 가진 토끼가 살아남아 번식을 거듭하면서 다시 그 수는 수억 마리가 되었어요. 토끼가 바이러스를 물리친 거예요. 1997년과 2018년에 호주 정부는 다른 강력한 바이러스를 개발해 퍼뜨렸지만 토끼가 전멸했다는 소식은 아직 들리지 않아요. 바이러스에 적응하며 토끼가 계속 진화하고 있기 때문일 거예요.

3. 티라노사우루스가 시체 청소부였다고요?

영화 〈쥬라기 공원〉을 보면 티라노사우루스가 전속력으로 도망치는 자동차를 따라잡는 장면이 나와요. 울퉁불퉁한 흙길이라 자동차가 제 속력을 내지 못해서인지 아니면 티라노사우르스가 더 빨리 달려서 그런지 모르겠지만 결국 차 안에 있던 사람은 잡아먹히고 말죠. 이처럼 영화에서 티라노사우루스는 달리기 선수, 날렵한 사냥꾼으로 그려졌는데요. 과학자 중 일부는 티라노사우루스가 발 빠른 사냥꾼이 아닌 시체 청소부였다고 주장해요.

중생대를 주름잡던 공룡의 제왕이 시체 청소부라는 주장은 몸무게에서 나왔어요. 다 큰 티라노사우루스는 7톤이 넘어요. 이렇게 무거운 티라노사우루스가 사냥감을 쫓아 달리려면 엄청난 양의 근육이 필요해요. 또 쿵쿵거리며 뛸 때마다 전해지는 몸무게의 충격을 받아 내기 위해 다리뼈도 굉장히 두꺼워야 하죠. 이 말은 티라노사우루스가 발 빠른 사냥꾼이라면 부풀어 오른 근육과 기둥 같은 다리뼈를 가져야 한다는 거예요. 그런데 우리가 알고 있는 티라노사우루스는 꽤 날씬(?)한 다리를 가졌어요. 이 정도의 근육과 다리뼈로

는 도저히 빨리 달릴 수가 없어요. 결국 티라노사우루스는 날렵한 사냥꾼이 아니었고 그래서 시체를 파먹는 청소부였다는 거예요.

하지만 대부분의 공룡 과학자들은 티라노사우루스를 사냥꾼으로 봐요. 연구해 보니 티라노사우루스의 다리 근육은 아주 효율적이라 거대할 이유가 없다고 해요. 또한 티라노사우루스는 다리가 길었기 때문에 뛰지 않고 성큼성큼 걷는 것만으로도 충분히 빨랐다고 해요. 만약 먹잇감인 다른 초식 공룡들이 진짜 느림보라면 티라노사우루스가 뛸 이유는 없었을 거예요. 그저 빠르게 걷는 것만으로도 충분히 사냥할 수 있었을 테니까요.

티라노사우루스가 사냥을 했다는 결정적인 증거도 나왔어요. 티라노사우루스에게 물렸다가 아문 상처가 초식 공룡의 화석에서 발견된 거예요. 만일 티라노사우루스가 시체 청소부라면 살아 있는 공룡을 공격하지 않았을 것이고 상처도 생길 수 없었겠죠. 다시 말해 티라노사우루스는 사냥꾼이라는 거예요.

그럼 티라노사우루스는 시체를 절대로 먹지 않았을까요? 그건 아니에요. 배가 고프면 시체도 마다하지 않았을 거예요. 썩은 고기가 아니라 죽은 지 얼마 되지 않은 신선한 고기라면 말이죠. 최고의 사냥꾼으로 알려진 사자도 어느 정도는 시체에서 고기를 얻는 것처럼 티라노사우루스도 시체를 먹는 쪽으로 진화했을 거예요. 그게 티라노사우루스의 생존과 번식에 유리했을 거예요.

아무튼 이야기의 결론은 티라노사우루스가 '사냥을 했지만 시체도 먹었다'예요. 좀 싱거운 결말이긴 해도 티라노사우루스가 시체를 먹었다니 재밌지 않나요?

티라노사우루스는 사냥꾼이에요.

사냥을 했다는 결정적인 증거도

나왔어요. 초식 공룡의 화석에서

티라노사우루스에게 물렸다가

아문 상처가 발견된 거예요.

4. 시조새가 새의 조상이 아니라고요?

그래요. 시조새는 새의 조상이 아니에요.

"그럼 선생님, 시조가 조상이라는 뜻인데 시조새가 새의 조상이 아니라니 좀 이상하지 않나요?"

맞아요. 시조새라는 이름 때문에 많은 친구들이 헷갈려 해요. 여러분만 그런 것이 아니라 어른들도 그래요. 하지만 시조새는 멸종한 원시 조류예요. 굳이 따지자면 새의 조상과 가까운 친척이죠. 시조새는 한 마리의 후손도 남기지 않고 멸종했기 때문에 진화할 수 없었고 따라서 새의 조상도 아니에요.

시조새의 먼 조상은 파충류예요. 가까운 조상은 티라노사우루스처럼 두 발로 걷는 수각공룡이에요. 수각공룡이 다양한 생물로 진화했는데 그중 한 갈래가 시조새 같은 원시 조류였죠. 시조새 화석

을 자세히 보면 뼈가 파충류를 닮았고 부리에 이빨이 있어요. 하지만 날개로 진화한 길고 튼튼한 앞다리가 보이고 무엇보다 깃털이 있어요. 그래서 시조새는 오랫동안 새의 조상으로 여겨졌어요. 그렇지만 시조새는 원시 조류의 하나일 뿐 오늘날 새의 조상은 아니에요.

  진화란 보이지 않는 기다란 끈 같은 건데요. 이 끈으로 공룡과 시조새는 연결되어 있지만 시조새와 오늘날의 새는 이어져 있지 않아요. 앞서 이야기했지만 시조새는 자손을 남기지 않고 멸종했기 때문이에요. 진화의 끈은 시간을 거슬러 올라가 조상을 찾을 때는 쓸모가 있지만 반대로 내려가면서 후손을 찾는 일은 쉽지 않아요. 예를 들어 우리가 새에 연결된 아무 끈이나 잡고 시간을 거슬러 올라가면 언젠가 수각공룡에 닿을 수 있을 거예요. 하지만 수각공룡에 연결된 아무 끈이나 잡고 내려온다고 새를 만날 수 있는 것은 아니에요. 수각공룡이 새의 형태로만 진화한 것이 아니기 때문이죠. 수각공룡은 수천수만 가지의 생물로 진화했기 때문에 이 중에서 새와 이어진 끈을 찾는 것은 쉽지 않죠. 더군다나 대부분의 끈은 중간에 끊어져 있어요. 멸종된 거예요. 거의 모든 원시 조류가 그렇고 또 시조새가 그렇죠.

  수각공룡이 굵은 나뭇가지라면 시조새는 여기서 뻗어 나온 작은 가지로 볼 수 있어요. 그러나 말라 죽은 가지죠. 말라 죽은 나뭇가지 옆의 작은 가지가 오늘날의 새예요. 이 작은 가지를 거꾸로 거슬러 올라가면 굵은 나뭇가지 즉 수각공룡을 만날 수 있어요. 수각공룡은 시조새를 포함한 모든 원시 조류와 오늘날의 새의 공동 조상이에요.

요즘 과학자들은 새를 살아남은 공룡이라고도 불러요. 공룡은 멸종한 것이 아니라 1만여 종에 달하는 새의 모습으로 우리와 함께 살고 있다는 거죠. 새가 공룡이라니 생각만 해도 멋지지 않나요? 공룡의 시대는 아직 끝나지 않은 거예요.

5. 고래의 고향이 육지라고요?

　오늘날의 고래는 바다에서 태어나요. 하지만 고래의 조상이 태어나고 살았던 곳은 육지예요. 고래는 5000만 년 전 물가에서 물고기를 잡아먹던 젖먹이동물^{포유동물: 새끼를 낳아 젖을 먹이는 동물}이 진화한 거예요.

　최초의 고래는 대부분의 시간을 육지에서 보냈을 거예요. 수달이나 물개처럼 먹이를 사냥할 때는 물에 들어가지만 쉴 때는 땅으로 나왔어요. 새끼를 낳고 돌보는 일도 땅 위에서 했어요. 필요할 때만 물에 들어갔으니 육지의 고래인 셈이죠. 그렇게 물과 땅을 오가며 생활하다 점차 물속에 머무는 시간이 길어졌어요. 오랜 시간이 지난 후, 네 발로 걸어 다니지만 땅보다 물속이 편한 원시 고래가 생겨났어요. 바닷가 얕은 물에서 먹이를 사냥하는 종류도 나타났고 물속에서 숨을 오래 참는 종류도 나타났어요. 이들 대부분은 멸종했지만 그중에 멀고 깊은 바다에 적응한 종류는 살아남아 오늘날의 고래로 진화했어요.

　고래의 조상은 물에 들어가면서 많은 변화를 겪었어요. 육지에서 즐기던 먹이를 못 먹게 되고 코가 사라졌어요. 작은 새우와 플랑크톤을 먹게 되었고 분수공^{머리 위쪽의 커다란 숨구멍}이 생겼어요. 또 앞다리와 뒷다리가 사라지고 앞지느러미와 꼬리지느러미를 얻었어요.

　물에 적응하는 과정은 모두 진화의 흔적이에요. 고래가 처음부터 물속에 사는 물고기로 창조되었다면 물에 적응할 이유도 없었을 거예요. 고래에게 분수공이 생긴 이유는 육지가 고향인 포유류가 바다로 들어갔기 때문이에요. 고래는 고래상어처럼 아가미로 숨을 쉬는 물고기가 아니기 때문에 분수공이 생기는 쪽으로 진화했어요.

숨쉬기 위해 분수공을 만들어야 했고 번거롭지만 물 밖으로 나와 분수공으로 공기를 빨아들여야 했어요. 물론 이 과정에 적응하지 못한 고래 종류들은 오늘날의 고래로 남아 있지 않죠.

  고래가 육지에 살던 흔적은 아직도 고래의 몸 안에 남아 있어요. 앞다리를 버렸지만 손목과 손가락을 가진 완벽한 손을 앞지느러미 안에 남겼고 뒷다리를 버리고 꼬리지느러미를 얻었지만 몸속 깊은 곳에 작은 뼈를 남겼어요. 특이하게도 고래는 옆으로 누운 커다란 꼬리를 다른 물고기처럼 좌우로 흔들지 않고 위아래로 움직여요. 수달처럼 원시 고래도 위아래로 몸을 흔들며 수영하는 법을 터득한 거죠. 이는 고래의 조상이 육지를 달리던 흔적이에요. 다시 말해 고래는 헤엄치는 것이 아니라 바다를 달리는 거예요.

  지금 살아 있는 동물 중 고래와 가장 가까운 종류는 하마예요. 유전자를 조사해 보니 고래의 조상은 하마나 돼지처럼 발굽을 가진 동물과 친척이라고 해요. 여기서 재밌는 것이 하마는 돼지와 친척인데 돼지보다 고래에 더 가깝다고 해요. 고래가 육지를 떠나온 지 수천만 년이 지났건만 하마의 흔적이 아직 고래에 남아 있는 거예요.

6. 진화론이 뭐예요?

과거 유럽 사람들은 우리가 살고 있는 세상은 가짜이며 진짜의 그림자라고 믿었어요. 우리가 보고 만질 수 있는 식물과 동물은 진짜의 그림자에 지나지 않으며 진짜 식물과 동물은 신이 창조한 완벽한 세상에 살고 있다고 생각했어요. 예를 들어 사슴은 촛불에 비춘 진짜 사슴의 그림자일 뿐 진짜는 처음 창조된 완벽한 사슴의 모습을 간직한 채 영원히 변하지 않는다는 것이죠. 변하는 것은 사슴의 그림자일 뿐이에요. 이런 세상에서 진화는 일어날 수 없어요. 왜냐면 진화는 시간의 흐름에 따라 생물이 다른 생물로 변해 가는 과정인데 신이 창조한 완벽한 세상에서 사슴이 그 형태를 바꾸거나 변하는 것은 불가능하거든요. 이렇게 세상을 진짜^{이데아}와 가짜로 나누어 생각하는 방식을 이데아론이라고 하는데 고대 그리스 철학자 플라톤이 처음 주장했어요.

플라톤이 이데아론을 주장한 이후 2000년 동안 사람들은 진화를 생각할 수 없었어요. 생물을 연구하는 학자들도 신이 창조한 생물에게 이름을 붙이고 비슷한 종류끼리 묶는 일을 했을 뿐이에요. 그러다 보니 진화를 전문적으로 연구하는 학문진화론은 1800년대가 되어서야 생겨났어요.

진화론은 생물이 어떻게 진화하는지 설명하는 방식이론이에요. 진화론은 프랑스의 생물학자 라마르크에 의해 과학의 한 분야로 자리 잡았는데요. 라마르크의 진화론에 따르면 기린의 목이 길어진 이유가 사슴이 높은 곳의 잎을 따먹기 위해 목을 쭉 빼는 노력을 하다 보니 점점 길어진 것이라고 해요. 목이 길어진 사슴은 자신처럼 목이 긴 새끼를 낳고 이렇게 목이 길어진 사슴이 많아지면서 어느새 목이 긴 기린 집단이 생겨났다는 거죠.

꽤 그럴듯하게 들리지만 라마르크의 설명은 엉터리예요. 자기 목을 억지로 늘인다고 해서 긴 목을 가진 새끼가 태어나는 것은 아니거든요. 예를 들어 목수의 팔뚝은 굵은데요. 라마르크의 설명대로라면 목수의 아들은 굵은 팔뚝을 갖고 태어나야 하지만 실제로는 그렇지 않죠. 만약 목수의 근육이 아들에게 전해질 수 있다면 손바닥의 굳은살도 함께 전해져야 할 거예요.

자, 이번에는 라마르크가 아니라 찰스 다윈의 이야기를 해볼게요. 다윈은 사슴의 목이 길어진 이유가 단지 목이 긴 사슴으로 태어났기 때문이라고 해요. 그러니까 사슴은 짧은 목부터 긴 목까지 목의 길이가 제각각인 채로 태어나지만 우연히 긴 목을 가진 사슴이 다른 새끼들보다 높은 곳의 나뭇잎을 잘 먹게 되어 생존 능력이 높아졌고 나중에 새끼도 더 잘 낳았다는 거죠. 긴 목을 가진 사슴은 마찬가지로 자신을 닮은 긴 목을 가진 사슴을 낳아 그 숫자가 많아지고 이게 오래 반복되면 어느새 목이 긴 기린이라는 새로운 생물 집단이 만들어진다는 거죠.

이렇게 설명하는 방식을 다윈의 진화론이라고 해요. 찰스 다윈은 영국은 생물학자인데 『종의 기원』에서 자신의 이론을 자연 선택에 의한 진화론으로 소개했어요. 자연 선택은 진화론의 핵심인데요. 자연 선택이 뭔지는 뒤에서 천천히 살펴볼게요.

2
재미있는 진화의 세계

7. 닥스훈트의 다리가 원래는 길었다고요?

닥스훈트는 허리가 아주 길고 다리는 짧아요. 귀여운 생김새와 달리 닥스훈트는 훌륭한 사냥개예요. 독일어로 오소리를 뜻하는 닥스와 개를 뜻하는 훈트가 합쳐진 이름처럼 닥스훈트는 오소리를 잡는 개로 유명해요. 닥스훈트의 짧은 발은 굴속을 파고들 때 아주 편리하죠.

닥스훈트의 생김새가 처음부터 이랬다고 여기는 친구들이 많을 텐데요. 닥스훈트는 원래 짜리몽땅한 개가 아니었어요. 100년 전만 해도 지금보다 허리는 짧고 다리가 긴 늠름한 개였어요. 하지만 개의 품종을 개량하는 사람들(육종가, 사육가)이 지금과 같은 모습이 나올 때까지 계속 교배시켜 오소리나 토끼 같은 작은 동물을 잡는 사냥개로 만들었어요.

육종가들에 의해 닥스훈트의 허리는 점점 길어지고 다리는 짧아져 옛날 생김새로부터 멀어졌어요. 그 과정은 이래요. 우선 새끼 중에 우연히 긴 허리와 짧은 다리를 갖고 태어난 녀석들을 선택해요. 이 녀석들끼리 교배시켜 새끼를 낳게 해요. 그리고 새끼가 태어나면 이 과정을 계속 반복해요. 그러면 어느새 부모보다 허리가 더 길고 다리는 더 짧아진 품종이 만들어지는데 이 과정이 바로 진화예요.

개의 생김새는 유전자와 관련이 있어요. 그래서 개를 선택적으로 교배시키는 것은 유전자를 선택하는 걸로 볼 수 있어요. 그러니까 이렇게 생긴 개와 저렇게 생긴 개를 교배하는 것은 결국 이런 생김새와 저런 생김새와 관계있는 유전자를 섞는 것과 마찬가지예요. 과거에 육종가들은 유전자를 잘 몰랐지만 개를 교배하면 나중에 어떤 품종의 개가 탄생할지 대충 짐작했어요. 육종가들은 마치 조각가처럼 유전자를 다듬어 개의 품종을 조각할 수 있어요.

이렇게 인간이 원하는 품종을 얻기 위해 반복적으로 선택하고 교배하는 것, 이것을 인위 선택이라고 해요. 인간이 품종을 선택한다는 뜻이죠. 예를 들어 얼굴이 조금이라도 더 구겨진 개를 선택해서 교배하는 과정을 여러 번 반복하면 불도그를 얻을 수 있어요. 피부가 조금이라도 더 주름지고 주둥이가 짧은 녀석을 선택해 교배시키면 잉글리시 불도그가 만들어지죠. 이게 인위 선택의 힘이에요.

8. 바이러스가 진화한다고요?

바이러스는 작아요. 박테리아가 교실이라면 바이러스는 책상이나 의자보다도 작아요. 구조도 단순해서 단백질 껍데기와 그 안에 든 유전자가 전부예요.

모든 생물은 후손^{자식}을 만들어요. 아메바는 자신을 둘로 쪼개 아메바를 만들고 개는 정자와 난자를 합쳐 개를 만들죠. 요리마다 조리법이 있듯이 후손을 만드는 방법이 그들의 유전자에 담겨 있어요. 바이러스도 자신만의 제조법을 담은 유전자가 있어요. 하지만 스스로 만들지 못해요.

바이러스는 세포^{생명의 기본 단위}가 없어요. 그래서 후손을 만들려면 살아 있는 생물의 몸을 빼앗아야 해요. 해적이 배를 빼앗듯 약탈하는 거예요. 그러고는 그 생물의 세포를 이용해 유전자를 복사하고 단백질 껍데기를 만들어 바이러스를 완성시켜요.

이렇게 바이러스가 다른 생물을 이용해 자신을 복제하는 것을 바이러스에 감염되었다고 해요. 감염된 생물은 숙주라고 불러요. 예를 들어 우리가 감기 바이러스에 감염되면 숙주인 우리 몸의 세포에서 감기 바이러스가 생산돼요. 감염된 순간부터 숙주는 바이러스를 생산하는 공장이 되는 셈이죠.

바이러스는 숙주를 옮겨 다니며 자신을 만들고 복사하는 과정에서 조금씩 변해요. 예를 들어 박쥐의 몸에서 처음 발견된 코로나19 바이러스^{COVID19}는 지금과 똑같지 않아요. 2020년 초부터 전 세계로 퍼진 코로나19 바이러스는 박쥐에 있던 바이러스가 천산갑$^{아르마딜로와\ 비슷하게\ 생긴\ 동물}$으로 옮겨 갔다가 인간에게 건너온 거예요. 박쥐의 몸에 있던 바이러스가 우연히 천산갑을 감염시키는 기능을 갖게 되고 결국 인간까지 감염시키는 능력을 갖도록 진화한 거죠.

바이러스는 감염을 잘 일으키는 쪽으로 진화해요. 숙주를 죽이면 그 몸 안에 있던 바이러스도 사라지기 때문이에요. 숙주를 죽이는 바이러스는 멸종되기 쉬워요. 숙주가 살아 움직이고 다른 생물들과 접촉해야 또 다른 숙주로 옮겨 갈 수 있는데 숙주가 아파서 쓰러져 있으면 아무 소용이 없거든요. 그래서 바이러스는 대개 시간이 지날수록 독성은 약해지고 감염력은 강해지는 쪽으로 진화해요. 실제로 미국과 유럽으로 뒤늦게 번진 코로나19 바이러스는 중국 우한 지역에서 시작된 바이러스보다 감염이 잘 일어난다고 해요.

인간이 '인위 선택'이라고 하는 '보이는 손'을 통해 식물과 동물을 선택해서 교배하고 새로운 품종을 만들듯 자연에는 '자연 선택'이라고 하는 '보이지 않는 손'이 선택을 하고 진화를 일으켜요. 자연은 박

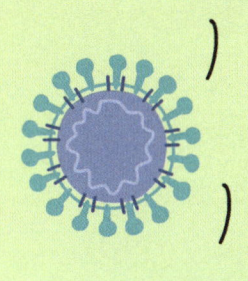
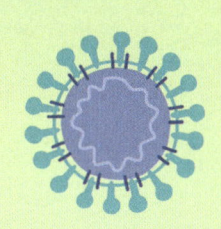

쥐에 적응하지 못한 바이러스를 멸종시키고 박쥐의 몸에서 살아남은 바이러스를 선택했어요. 또 자연은 천산갑의 몸에서 살아남은 바이러스를 선택했어요. 자연은 또한 인간까지 감염시킨 코로나 19 바이러스를 선택했어요. 이 모든 과정은 자연 선택이며 자연 선택의 결과는 진화로 나타나요.

　코로나 19 바이러스는 인간이 박쥐의 서식지를 파괴했기 때문에 시작되었다고 해요. 영화 〈컨테이젼〉을 보면 숲에서 쫓겨난 박쥐가 사방을 날아다니며 바이러스를 퍼뜨리는 장면이 나와요. 자연을 파괴하는 어리석은 행동을 멈추지 않으면 인류는 혹독한 대가를 치를 수밖에 없어요. 지금 인류는 바이러스 퇴치에 목매고 있지만 보다 중요한 사실을 잊고 있어요. 자연의 일부에 불과한 인간은 다른 생물과 함께 살아갈 수밖에 없다는 것을, 바이러스를 박멸하는 것만이 유일한 해결책이 아니라 바이러스와 공존하고 동거할 방법을 찾아야 한다는 것을요.

9. 슈퍼 박테리아는 왜 생겨났나요?

슈퍼 박테리아는 항생제가 잘 듣지 않아요. 박테리아는 딱 한 개의 세포로 이루어진 생물인데 우리가 세균이나 병균이라고 부르는 게 바로 박테리아예요. 항생제는 그걸 죽이는 약이고요. 박테리아를 죽이기 위해 항생제를 만들었지만 그 때문에 슈퍼 박테리아가 탄생했어요.

항생제는 알렉산더 플레밍이라는 영국의 생물학자가 1928년 실험실에서 우연히 발견했어요. 배양 중인 박테리아가 죽고 그 자리에 푸른곰팡이가 핀 것을 본 플레밍은 푸른곰팡이의 어떤 성분이 박테리아를 죽인 것은 아닐까 의심했고, 이것은 최초의 항생제 페니실린의 개발로 이어졌어요. 페니실린 덕분에 인류는 폐렴과 파상풍 등 감염병의 고통으로부터 벗어날 수 있게 되었어요. 또 전쟁터로 보급된 이 기적의 약은 병들고 부상당한 군인을 치료하여 2차 세계 대전을 연합군의 승리로 이끌었어요.

이처럼 수많은 사람들의 목숨을 구했지만 오늘날 사용하는 페니실린은 플레밍이 발견한 것과 달라요. 이유는 박테리아가 항생제에

저항하며 진화했기 때문에 페니실린도 여기에 맞춰 새로 개발해야 했기 때문이에요.

박테리아는 같은 종류라 해도 항생제에 저항하는 정도가 달라요. 똑같이 생긴 붕어빵도 자세히 보면 조금씩 다르잖아요. 항생제를 견디지 못하는 녀석은 죽고 견디는 녀석은 살아남아 다음 세대에 자신

어린이 책도둑 시리즈로 배우는
쉽고 재미있는 인문·사회·생태·과학

---- 21 ---- ---- 22 ---- ---- 23 ---- ---- 24 ----

선생님, 세계 시민이 되려면 어떻게 해야 해요?
더불어 사는
세계 시민 이야기

정주진 글 | 홍윤표 그림
128쪽 | 13,000원
학교도서관저널 추천도서

선생님, 반려동물과 함께 살려면 어떻게 해야 해요?
반려동물에게서 배우는
사랑과 책임

이유미 글 | 홍윤표 그림
160쪽 | 13,000원

선생님, 유해 물질이 뭐예요?
유해 물질로부터
안전한 생활 만들기

김신범, 배성호 글
홍윤표 그림
120쪽 | 13,000원

선생님, 채식이 뭐예요?
지구를 살리는
채식 이야기

이유미 글 | 홍윤표 그림
112쪽 | 13,000원

> 어린이 책도둑 시리즈는 계속 출간됩니다.

01 선생님, 노동이 뭐예요?
02 고래 어린이 인문 학교
03 선생님, 헌법이 뭐예요?
04 선생님, 3·1 운동이 뭐예요?
05 선생님, 대한민국은 어떻게 시작되었나요?
06 선생님, 미디어가 뭐예요?
07 선생님, 평화가 뭐예요?
08 선생님, 동물 권리가 뭐예요?
09 선생님, 과학이 뭐예요?
10 선생님, 기후 위기가 뭐예요?
11 선생님, 건축이 뭐예요?
12 선생님, 더불어 살려면 어떻게 해요?
13 선생님, 경제가 뭐예요?
14 선생님, 탈핵이 뭐예요?
15 선생님, 코로나19가 뭐예요?
16 선생님, 진화론이 뭐예요?
17 선생님, 착한 손잡이가 뭐예요?
18 선생님, 정치가 뭐예요?
19 선생님, 세계 시민이 되려면 어떻게 해야 해요?
20 선생님, 반려동물과 함께 살려면 어떻게 해야 해요?
21 선생님, 평화통일이 뭐예요?
22 선생님, 인류세가 뭐예요?
23 선생님, 유해 물질이 뭐예요?
24 선생님, 채식이 뭐예요?

철수와영희 철수와영희 출판사는 우리 사회의 '어린이' 철수와 영희,
'청소년' 철수와 영희에게 도움 되는 책을 펴내기 위해 노력합니다.
전화: 02-332-0815, 팩스: 02-6003-1958, 이메일: chulsu815@hanmail.net
도서목록 발행일: 2022년 7월 1일

철수와영희 어린이 우리말

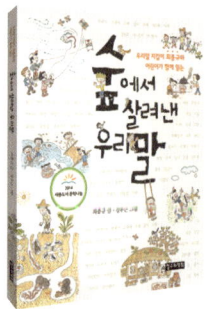

숲에서 살려낸 우리말

흙에서 자라고 꽃처럼 피어나는 우리말

최종규 글 | 강우근 그림 | 숲노래 기획
208쪽 | 값 13,000원

세종도서 문학나눔 선정도서
한국출판문화산업진흥원 권장도서

마을에서 살려낸 우리말

동무들과 즐겁게 사귀면서 나누는 우리말

최종규 글 | 강우근 그림 | 숲노래 기획
204쪽 | 값 13,000원

세종도서 문학나눔 선정도서
아침독서 추천도서

새롭게 살려낸 한국말사전

❶ 글을 분명하게 쓰고 싶다면　　❷ 글을 간결하게 쓰고 싶다면　　❸ 글을 슬기롭게 쓰고 싶다면

새로 쓰는
비슷한말 꾸러미 사전

비슷한말, 1100가지를 꾸러미로
엮어 새로 쓴 한국말사전

최종규 글 | 496쪽 | 25,000원

서울서점인이 뽑은 올해의 책
아침독서 추천도서

새로 쓰는
겹말 꾸러미 사전

잘못 쓰는 겹말, 1004가지를
돌림 풀이 없이 새로 쓴 한국말사전

최종규 글 | 764쪽 | 33,000원

아침독서 추천도서
학교도서관사서협의회 추천도서

새로 쓰는
우리말 꾸러미 사전

새로 가다듬은 804 낱말과
새로 엮은 1200 낱말 뜻풀이가
담긴 우리말 배움 사전

최종규 글 | 328쪽 | 20,000원

학교도서관사서협의회 추천도서

의 유전자를 남기죠. 살아남은 유전자는 박테리아 집단 속으로 퍼져 나가요. 이것이 박테리아가 항생제에 저항하며 진화하는 방식이에요.

그래서 페니실린을 연거푸 사용하면 페니실린에 죽지 않는 박테리아가 생겨나요. 항생제에 내성을 갖는 거죠. 플레밍은 1945년 노벨상 수상 강연에서 이런 일을 예언했어요. 그 뒤 실제로 페니실린에 저항하는 박테리아가 나타났어요. 과학자들은 여기에 대응해 새로운 페니실린을 개발하고 성능을 높였지만 곧 소용이 없어졌어요. 박테리아도 진화했기 때문이에요. 페니실린 말고도 다양한 항생제를 개발했지만 각각의 항생제에 저항하는 박테리아가 생겨났어요.

무서운 것은 한 가지가 아닌 여러 항생제에 저항하는 박테리아가 생겨난 거예요. 바로 슈퍼 박테리아예요. 항생제가 박테리아를 자극해 슈퍼 박테리아로 진화시키고 있는 거예요. 항생제는 사람이 만들었지만 슈퍼 박테리아를 진화시키는 원리는 자연 선택이에요. 항생제를 쓰는 한 슈퍼 박테리아의 탄생을 막을 수 없어요.

슈퍼 박테리아는 박멸이 불가능해요. 항생제 사용을 줄이고 우리 몸의 면역을 키우는 것이 슈퍼 박테리아로부터 우리를 지키는 유일한 방법이에요.

10. 인간이 곤충을 진화시키고 있다고요?

지구 생명의 역사를 통틀어 가장 번성한 동물은 곤충이에요. 동물의 70퍼센트가 곤충이죠. 이름을 붙인 곤충만 해도 80만 종류가 넘는데 아직 발견하지 못한 것까지 합치면 3000만 종류가 넘을 거라고 해요.

곤충은 대멸종을 무려 네 번이나 겪으며 4억 년 이상을 살아남았어요. 물론 두 날개의 길이가 70센티미터에 달했던 메가네우라^{원시 거대 잠자리} 등 거대 곤충은 멸종했지만 일부 곤충은 살아남아 오늘날 곤충들의 조상이 되었죠.

곤충이 크게 번성한 데에는 여러 이유가 있어요. 덩치가 작은 만큼 사는 곳이 넓을 필요가 없어요. 어떤 모기는 잎사귀에 고인 물에서도 사니까요. 또 날개가 있어 지구 곳곳을 누빌 수 있어요. 단단

인간들이 우릴 이렇게 진화시킨 거야!

옴마야~

한 외골격은 곤충의 생존력을 한층 높였어요. 외골격은 말 그대로 골격이 몸 바깥쪽에 자리 잡은 것을 말해요. 갑옷인 셈이죠. 곤충은 외골격 덕분에 자외선을 막는 것은 물론 자기 몸무게의 수십 배를 들어 올리고 또 천적도 방어할 수 있게 되었어요.

여기에 덧붙여 곤충의 한 세대가 다른 동물에 비해 짧은 것도 도움이 되었어요. 알에서 성충이 되고 다시 알을 낳을 때까지 걸리는 시간을 '한 세대'라고 해요. 예를 들어 머릿니의 알은 2주가 지나면 성충이 되고 다시 알을 낳을 수 있어요. 그러니까 머릿니의 한 세대는 2주예요. 한 세대가 짧을수록 환경에 적응할 기회는 많아져요. 모기의 경우가 대표적이죠.

모기는 고인 물에 200여 개의 알을 낳아요. 200개가 모두 같은 알처럼 보이지만 사실 조금씩 달라요. 살충제^{곤충을 죽이는 화학 물질}를 이기지 못하는 녀석도 있고 이기는 녀석도 있어요. 모든 모기를 죽이는 살충제는 없어요. 살충제에 죽지 않고 살아남은 모기는 알을 낳아요. 2주 뒤면 성충이 된 모기들이 다시 알을 낳아 그 수가 늘어날 거예요. 이 과정을 여러 세대 반복하면 모기는 점점 살충제에 강해져요.

실제로 지난 수십 년간 살충제를 뿌린 코스타리카 오렌지 농장의 모기는 살충제를 뿌리지 않은 지역의 모기보다 살충제에 저항하는 능력이 10배나 높아졌다고 해요.

모기가 살충제에 강해지는 쪽으로 진화하고 있다면 바퀴벌레는

입맛이 바뀌는 쪽으로 진화하고 있어요. 살충제가 섞인 단맛이 나는 미끼로 바퀴벌레를 잡는데 이 방식이 점점 통하지 않는다고 해요. 이유는 바퀴벌레가 단맛을 싫어하는 쪽으로 진화했다는 거예요. 단맛을 좋아하는 바퀴벌레는 살충제를 먹어 죽고 단맛을 싫어하는 바퀴벌레는 살충제를 먹지 않고 살아남아 그 수가 늘어난 거예요.

 곤충은 여태 자연 선택에 의해 진화해 왔지만 인간 때문에 그 속도가 빨라졌어요. 또 살충제의 사용으로 곤충을 의도하지 않은 방향으로 진화시키고 있어요. 그 결과가 자연의 일부에 지나지 않은 인간에게 이롭지만은 않을 거예요.

11. 우리나라 무당개구리가 다른 나라 생태계를 파괴한다고요?

생명의 위협을 느끼면 붉은 얼룩무늬 배를 드러내며 죽은 척하는 개구리. 강렬한 무늬 때문에 맹독을 품은 것처럼 보이지만 사람에게는 그다지 위험하지 않은 개구리. 개천과 계곡, 논과 배수로 등 물이 고인 곳에서 쉽게 볼 수 있는 개구리. 100여 년 전부터 미국과 유럽, 호주 등에 애완동물로 팔려나간 개구리. 무엇보다 친숙한 이름. 우리나라 무당개구리 이야기예요.

무당개구리는 외국에서 더 유명해요. 애완용으로 팔려 나간 무당개구리가 파나마의 희귀종인 황금개구리를 멸종시키는 등 세계 각지에서 양서류_{개구리, 두꺼비, 도롱뇽} 등를 멸종 위기로 몰고 갔거든요. 양서류가 줄면서 이들을 먹고 사는 천적도 함께 줄어들어 먹이 사슬에 문제가 생기고 생태계에 나쁜 영향을 주고 있어요. 특히 미국이나 호주의 피해가 심각하다고 해요. 그런데 무당개구리가 직접적인 피해를 준 것은 아니에요. 먹이 사슬을 끊고 생태계를 망가뜨린 진짜 범인은 따로 있어요. 바로 무당개구리의 피부에 기생하던 항아리

우린 다른 나라의 생태계를
파괴한 범인이 아니야.
우린 곰팡이와의 오랜 전쟁에서
살아남은 개구리의 후손일 뿐이라고.

맞아.
너희를 이동시킨 사람들이 문제지.

곰팡이예요.

　최근 전 세계에서 200여 종류가 넘는 개구리가 멸종된 것도 이것 때문이라고 해요. 개구리는 올챙이 때 아가미로 숨 쉬지만 커서는 허파와 피부로 숨을 쉬는데요. 이때 산소의 40퍼센트 이상을 피부로 흡수해요. 개구리가 물속과 땅 위를 오가며 물로 적시는 이유가 여기에 있어요. 물기가 피부로 숨 쉬는 데 도움을 주기 때문이에요. 그래서 비가 오면 힘이 나서 더 크게 울어요. 그런데 항아리곰팡이는 이 피부를 공격해요. 피부가 곰팡이로 뒤덮인 개구리는 숨을 쉴 수 없고 결국 심장마비와 호흡곤란으로 죽게 돼요. 게다가 전염성이 아주 강해서 접촉하지 않고도 주변의 개구리까지 죽음으로 내몰죠.

　흥미로운 사실은 항아리곰팡이병이 양서류의 흑사병[14세기 유럽에서 1억 명의 희생자를 낸 전염병]이라고 불릴 만큼 무서운 전염병이지만 어찌 된 일인지 우리나라 무당개구리는 걸려도 괜찮다는 거예요. 항아리곰팡이의 유전자를 연구한 결과 이 전염병은 한반도에서 시작되었다고 해요. 실제로 한반도는 항아리곰팡이의 고향이라고 불릴 만큼 항아리곰팡이의 종류가 다양해요. 다른 나라의 개구리들과는 달리 우리 나라의 무당개구리가 면역을 갖출 수 있었던 이유는 이런 다양한 종류의 항아리곰팡이들과의 오랜 전쟁에서 살아남은 개구리를 조상으로 두었기 때문이에요. 죽음의 고비를 숱하게 넘기며 살아남은 개구리들이 생존의 비결이 담긴 유전자를 후손에게 물려준 거죠. 한반도에 서식하고 있는 양서류도 마찬가지예요. 항아리곰팡이에 적응하면서 자연의 선택을 받았고 오늘날 한반도의 양서류로 진화한 거예요.

이와는 달리 다른 나라의 양서류는 항아리곰팡이의 공격에 적응하지 못했어요. 그래서 애완용 무당개구리와 함께 항아리곰팡이가 비행기를 타고 미국과 유럽, 호주 등 전 세계로 퍼져 나갔을 때 이 전염병에 저항할 수 없었던 개구리와 두꺼비, 도롱뇽 등은 멸종 위기의 절벽에 서게 된 거죠.

다행인 것은 최근 피해 지역에서 양서류가 조금씩이지만 늘어나고 있다는 거예요. 양서류가 항아리곰팡이에 맞서 저항하고 있다는 증거예요. 그들은 항아리곰팡이에 충분히 적응할 수 있을 거예요. 다만 그 시간이 너무 늦지 않기를 바랄 뿐이죠.

12. 사람 눈이 오징어 눈보다 못하다고요?

●

　30센티미터 정도 거리에서 왼쪽 눈으로(오른쪽 눈은 감고) 별표만 계속 보세요. 별표를 보면서 책을 조금씩 멀리 해봐요. 그러면 어느 순간 동그라미가 사라져요. 여기서 멈추지 말고 계속 책을 멀리하면 이번에는 갑자기 동그라미가 나타나요. 이런 현상은 맹점 때문에 일어나요.

　맹점이란 물체를 보지 못하는 눈의 어떤 부분이에요. 눈 안쪽에는 시각 세포가 있어서 빛이 닿으면 물체를 볼 수 있는데요. 맹점은 시각 세포가 없어서 빛을 받아도 물체를 볼 수 없어요. 그 이유는 영상 신호를 대뇌로 보내는 신경 묶음이 눈을 뚫고 지나가기 때문이에요. 그 구멍이 바로 맹점이에요.

맹점은 척추동물의 운명이에요. 모든 척추동물은 맹점을 갖고 있어요. 반면에 오징어나 문어 같은 두족류^{머리에 다리가 달린 연체동물}는 맹점이 없어요. 두족류의 눈은 신경 가닥이 눈 바깥에 있기 때문에 구멍을 낼 필요없이 곧바로 시각 세포와 대뇌를 연결하거든요.

단순히 맹점만 비교하면 오징어 눈이 사람 눈보다 나아요. 하지만 생존에 도움이 되는 쪽으로 눈을 진화시켜 온 결과이기에 사람과 비교하는 것은 의미가 없어요. 각자 장단점이 있어요. 오징어는 오징어 나름의 진화의 길을 걸어왔어요. 사람도 마찬가지예요. 수많은 색을 구별하는 사람 눈을 오징어가 흉내 내기 어렵죠. 하지만 이런 기능은 사람에게 필요한 것이지 오징어에게 필요한 것이 아니에요. 오히려 오징어의 생존에 도움이 되지 않아 그런 기능을 가진 오징어 종류가 멸종됐을지 몰라요. 생존에 도움이 안 되는 기능은 살아남기 힘들죠. 반대로 생존에 유리하다면 아무리 사소한 기능이라도 남겨지고 유전을 통해 후손에게 전달되는 것, 그것이 자연 선택이에요.

13. 나방 애벌레에 알을 낳는 맵시벌은 잔인한가요?

맵시벌은 매정한 곤충이에요. 알을 낳고는 곧 집을 나가 버리거든요. 이웃집 벌들이 알을 낳는다, 유충^{어린 곤충, 애벌레}을 돌본다, 집 안을 청소한다며 난리를 피우지만 맵시벌은 눈을 막고 귀를 닫았는지 신경도 안 써요. 알에서 깨어난 유충들은 어미 얼굴 구경은커녕 그 어떤 도움도 없이 알아서 살아야 해요. 성충이 될 때까지도 집 나간 어미 맵시벌은 돌아오지 않아요. 정말 무정하기 짝이 없어요. 그나마 다행인 건 밥상은 차려 놓고 나갔다는 거예요. 단 한 번뿐이기는 해도.

여기까지만 들으면 맵시벌은 정나미 떨어지는 곤충이 맞아요. 하지만 맵시벌이 훌륭한 밥상을 차려 준다는 것을 알게 되면 이런 생각은 조금 누그러질 거예요. 살아 있는 통통한 나방 애벌레. 이보다 더 신선하고 영양가 만점인 밥상은 없겠죠. 알에서 깨어난 유충들은 맵시벌이 정성껏 차린 애벌레를 갉아 먹으며 성장하죠. 맵시벌은 애벌레에 알을 낳기 전에 온몸에 침을 놔서 애벌레를 마비시켜 놨어요. 이제 살아 있는 냉장고이자 밥상이 된 애벌레는 도망가지 못해요. 살아서 숨 쉬지만 살았다고 할 수 없고 그렇다고 죽은 것도 아니에요.

유충은 나방 애벌레를 아무렇게나 먹지 않아요. 살려 둔 채로 먹기 위해 지방이나 소화 기관을 먼저 갉아먹고 심장이나 중요한 부위는 마지막으로 미루죠. 살아 있는 애벌레로 밥상을 차려 주는 맵시벌 성충이나 애벌레를 산 채로 야금야금 갉아 먹는 맵시벌 유충

이나 잔인하기는 매한가지예요. 맵시벌의 잔혹한 습성에 대해 진화론의 창시자인 찰스 다윈은 강한 혐오감을 드러냈다고 해요.

그렇지만 일부러 그런 건 아니에요. 맵시벌의 조상이 우연히 살아 있는 나방 애벌레에 알을 낳았는데 그것이 다른 곳에 알을 낳은 쪽보다 그들의 생존을 유리하게 했을 거예요. 유충은 성장해서 자신을 낳은 어미가 그랬던 것처럼 살아 있는 애벌레를 찾으러 나갔을 거예요. 자연은 맵시벌이 알을 애벌레에 낳든 땅속에 낳든 이파리 뒤에 낳든 상관하지 않아요. 단지 살아남는 쪽을 선택할 뿐이에요. 이 과정은 거듭되었고 그 결과 오늘날의 맵시벌은 살아 있는 애벌레에 알을 낳는 벌 종류를 조상으로 두게 된 거예요.

맵시벌처럼 다른 생물의 몸을 빌려 살아가는 생물을 기생 생물 또는 기생충이라고 해요. 넓게 보면 지구 생물의 절반가량이 기생 생활을 한다고 해요. 신이 착한 생물만 창조했다면 맵시벌은 애초부터 설계하지도 만들지도 않았을 거예요. 하지만 자연은 다른 생물의 몸에 기생한다 해도 그것이 생존과 번식에 도움이 된다면 비록 숙주가 느낄 고통이 크더라도 마땅히 선택할 거예요. 자연은 옳고 그름을 판단하지 않아요. 생존과 번식에 도움이 되는 습성을 선택할 뿐이에요.

14. 고양이를 죽도록 사랑한 쥐가 있다고요?

쥐 한 마리가 고양이 머리에 올라타고 있어요. '이 겁 없는 쥐를 어떻게 할까?' 하고 고양이는 생각 중이에요. 어째 고양이와 쥐가 주인공으로 나오는 애니메이션 〈톰과 제리〉의 한 장면을 보는 듯한데요. 늘 쥐인 제리가 고양이 톰을 골탕 먹이는 이야기로 끝을 맺지만, 현실에서는 그렇지 않죠.

앞에 나오는 용감한 쥐는 톡소포자충이라는 기생충에 감염된 거예요. 톡소포자충에 감염된 쥐는 평소보다 용감해져요. 고양이를 겁내지 않고 도망치지도 않죠. 도대체 톡소포자충이 뭐기에 쥐가 이런 행동을 하는 걸까요?

톡소포자충은 고양이 기생충이에요. 하지만 고양이의 몸속에서 한평생을 보내지는 않아요. 톡소포자충이 성장하고 알을 깔 때에는 고양이가 필요하지만 알이 부화하려면 다른 동물^{쥐, 토끼, 사람}의 몸속으로 들어가야 하거든요. 알은 고양이의 배설물과 함께 몸 밖으로 나오는데 이걸 쥐가 먹으면 감염돼요. 쥐의 몸속에서 알이 부화하면 톡소포자충은 다시 고양이에게 돌아갈 방법을 찾아야 해요. 그런데

문제는 옮겨 갈 방법이 없다는 거예요. 쥐는 고양이 오줌 냄새만 맡아도 놀라 도망치니까요.

여기서 톡소포자충은 참으로 놀라운 방법을 이용해요. 쥐의 뇌를 조종해 고양이에 대한 두려움을 사라지게 만드는 거예요. 뇌를 조종당한 쥐는 심지어 고양이 오줌 냄새에 강한 유혹을 느껴요. 사랑의 포로가 된 쥐는 톡소포자충이 이끄는 대로 고양이를 찾아가요. 결국 현실 속에서 〈톰과 제리〉는 제리가 톰의 뱃속으로 들어가는 것으로 결말을 맺죠.

이 모든 일들은 고양이의 몸으로 돌아가기 위해 짜 놓은 각본처럼 보이지만 우연의 결과일 뿐이에요. 처음부터 계획한 게 아니라 우연한 톡소포자충의 행동이 결과적으로 생존과 번식에 도움이 되었던 거예요. 다른 방식으로 행동하는 톡소포자충은 고양이의 몸에 도달하지 못해 멸종되었을지 몰라요.

고양이를 죽도록 사랑한 쥐. 안타깝지만 자연은 그런 쥐를 선택했어요. 또 쥐의 뇌를 조종하는 기생충을 선택했어요. 숙주를 조정하는 기생충이야말로 자연 선택의 보이지 않는 손이 어디까지 뻗치고 있는지 잘 보여 주고 있어요.

15. 상어와 산호가 공생을 한다고요?

　상어와 그루퍼, 열대어, 해조류, 미세 조류, 산호가 어우러져 살고 있는 남태평양의 어느 산호섬. 이 섬의 상어는 그루퍼를 잡아먹어요. 그루퍼는 육식성 물고기로 작은 열대어를 잡아먹어요. 열대어는 해조류를 뜯어 먹어요. 해조류는 햇빛을 놓고 산호와 경쟁 관계에 있는데 이유는 해조류가 두꺼운 커튼처럼 햇빛을 가리기 때문이에요. 해조류가 그늘을 만들면 산호에 붙어 살면서 양분을 공급해 주는 미세 조류가 광합성을 할 수 없어 산호가 영양실조에 걸려요. 이

뜻하지 않은 공생 관계네.

상태가 오래가면 산호가 죽을 수도 있어요.

여기서 재밌는 건 겉보기에 관계없어 보이는 상어와 산호가 공생^{서로 도움 주며 살아가는 관계}을 한다는 사실이에요. 말이 안 되는 것 같지만 결과적으로 그래요. 정리하면 이런 거예요. 상어가 나타나면 그루퍼는 꽁무니를 빼기 바빠요. 마치 호랑이를 본 여우처럼 말이에요. 상어가 호랑이라면 그루퍼는 여우예요. 뒷골목 깡패 같은 그루퍼가 사라진 뒤 산호 틈에 숨어 있던 열대어가 모습을 드러내고 다시 해조류를 뜯어먹으며 산호에 드리운 그늘을 치워 주죠. 그럼 미세 조류가 다시 광합성을 시작하고 산호가 살아나며 산호섬에 생기가 돌죠. 상어가 결국 산호를 살린다는 이야기예요. 반대로 산호는 상어를 살리죠. 산호는 거친 파도를 얌전하게 만들어 수많은 바다 생물의 보금자리를 마련하고 상어에게 먹이를 제공해요. 그래서 상어와 산호는 공생한다는 거예요.

이런 일들은 상어가 계획한 것이 아니에요. 상어는 우연히 그루퍼 같은 물고기를 잡아먹는 포식자로 진화했고 먹고 먹히는 먹이 사슬 속에서 자연스럽게 산호와 공생을 하게 되었어요. 여기에 특별한 이유는 없어요. 다만 확실한 사실은 상어가 다른 생물과 관계를 맺으며 진화했다는 거예요. 물론 모든 생물은 다른 생물과 관계를 맺어요. 홀로 섬이 되어 살아가는 존재는 없어요. 자연은 공생이든 기생이든 그 속에서 살아남은 생물을 선택할 뿐이죠.

16. 똥이 약이라고요?

한 여성 환자가 있었어요. 대장^{소장과 항문 사이의 소화 기관}에 염증이 생겼는데 어찌 된 일인지 열이 계속 나고 설사가 멈추지 않았어요. 오랜 시간 항생제로 치료했지만 병은 더 심각해졌어요. 최후의 항생제라 불리는 반코마이신도 듣지 않고 여러 항생제를 한데 모아 쓰는 방법^{칵테일 요법}도 시도했지만 소용이 없었어요. 이때 구세주가 나타났어요. 바로 환자의 남편이에요. 아니 정확히는 남편의 똥이 아내를 구했어요.

아내는 클로스트리듐 디피실이라고 하는 어려운 이름을 가진 박테리아에 감염된 거였어요. 이 박테리아는 대장에서 흔히 볼 수 있는 종류인데 설사병을 치료하기 위해 아내가 오랫동안 항생제를 먹는 바람에 슈퍼 박테리아로 진화했어요. 아무리 해로운 박테리아라 해도 좋은 박테리아와 함께 있을 때에는 사람에게 해롭지 않아요. 클로스트리듐 디피실도 원래는 대장에 자리 잡은 수백 종류의 박테리아 중 하나일 뿐이에요. 대장 안에서 박테리아들은 서로 도와 가며 공생을 하지만 더 넓은 영역을 차지하기 위해 경쟁도 해요. 그러

면서 팽팽한 힘의 균형을 이루죠. 여기서는 독불장군이 없어요. 나 홀로 1등도 없어요. 다 같이 2등이죠. 하지만 항생제가 다른 박테리아를 죽이면 슈퍼 박테리아 홀로 살아남아 대장을 점령해요.

대장은 박테리아 덩어리예요. 우리 몸에는 사과 두 개^{어른은 네 개} 정도 무게의 박테리아가 살고 있는데 그 대부분이 대장에 있어요. 거기엔 유익한 박테리아도 많지만 해로운 박테리아도 적당히 섞여 있어요. 이건 시소 같은 거예요. 반대편이 비어 있으면 시소를 탈 수 없잖아요. 맞은편에 누군가 앉아 있어야 하는 거죠. 마찬가지로 유익한 박테리아에 해로운 박테리아가 섞여 있을 때 대장 안의 박테리아 생태계는 건강해질 수 있어요. 박테리아들이 건강한 힘의 균형을 이루는 거예요.

그런데 항생제는 박테리아들의 공생 관계를 깨뜨려요. 힘의 균형이 무너진 대장 안에서 살아남은 슈퍼 박테리아는 병을 일으킬 수 있어요. 슈퍼 박테리아는 항생제에 죽지 않아요. 항생제로는 아내의 병을 치료할 수 없는 거예요. 근본적인 치료는 박테리아들의 힘의 균형을 되찾아 주는 거예요. 대장 안의 박테리아 생태계를 건강하게 되돌려 놓는 거죠.

대장을 거쳐 나오는 똥^{수분 포함}은 8퍼센트가 박테리아라고 해요. 건강한 사람의 똥은 그 속의 박테리아 생태계도 건강해요. 의사들은 아내의 병을 치료하기 위해 깨끗하게 걸러낸 남편의 똥을 아내의 대장으로 옮겼어요. 그러자 슈퍼 박테리아로 오염된 아내의 대장은 다시 건강을 되찾았어요. 남편의 똥이 아내의 목숨을 구한 거예요. 똥이 약으로 쓰였으니 세상에 이보다 더 귀한 똥이 어디 있을까요.

17. 기생하면 나쁘고 공생하면 좋나요?

머릿니는 나빠요. 평생을 사람 머리카락에 붙어살면서 피를 빠니까요. 하루만 피를 못 빨아도 죽을 정도로 사람에게 절대적으로 기대어 사는 머릿니는 스스로 먹이를 구하지 못해요. 게다가 얌전히 피만 얻어 가면 좋겠는데 물어뜯은 자리를 가렵게 하고 병까지 옮기죠. 빈대나 벼룩 모두 마찬가지예요. 특히 벼룩이 옮긴 흑사병은 유럽에서 1억 명의 목숨을 앗아가기도 했어요. 모기도 나빠요. 말라리아를 옮기는 모기라면 더 그래요. 해마다 수십만 명이 말라리아에 희생되는데 그중 절반 이상이 어린아이들이에요.

그럼 여기서 우리 친구들한테 질문을 던져 볼게요. 기생충은 나쁠까요? 그래서 태어나지 말았어야 할까요? 기생충은 세상에 나오면 안 되는 걸까요?

"그렇다"고 말하는 친구들도 있을 거예요. 과연 그럴까요? 우리 몸에 털은 여러 군데 있지만 머릿니는 사람의 머리카락에만 살아요. 수백만 년 전부터 그랬어요. 사람의 생식기에 난 털에는 또 다른 이 즉 사면발니가 살아요. 사면발니는 머릿니와 비슷하게 생겼지만 사

는 곳이 달라요. 머릿니와 사면발니는 약 10만 년 전부터 서로 다른 곳에서 살기 시작했어요. 털의 굵기와 곱슬거리는 정도에 적응하며 오늘날 머릿니와 사면발니로 진화한 거예요.

머릿니와 사면발니의 습성이 좋다 나쁘다 말하려는 것이 아니에요. 좋다 나쁘다 하는 것은 인간의 판단일 뿐. 이들의 살아가는 모습을 좋다 나쁘다 말할 수 없어요. 머릿니와 사면발니가 우리 몸에 해로운 것은 사실이지만 그렇기 때문에 이들이 멸종되어야 하는 건 아니에요. 마찬가지로 꿀벌과 꽃의 공생이 아름답고 본받아야 할 만큼 훌륭해 보여도 꿀벌과 꽃이 그 때문에 세상에 태어난 것은 아니에요. 오랜 세월 적응한 결과 오늘날의 공생 관계로 진화한 것일 뿐이에요.

자연에는 좋고 나쁜 것이 없어요. 모든 것은 그냥 존재할 뿐이에요. 단지 인간의 눈에 아름다운 것과 그렇지 않은 것으로 보이는 거예요. 자연에서 배우려는 태도는 좋지만 자연을 좋고 나쁜 것으로 나누는 것은 잘못된 믿음을 만들 수 있어요.

비록 살아가는 모습이 아름답지 않아도 기생충은 자신에게 유리하도록 진화했고 앞으로도 그렇게 진화할 거예요. 지구 생물의 절반이 기생충인 이유가 여기에 있어요.

18. 바나나의 유전자가 모두 똑같다고요?

 바나나는 맛있는 과일이에요. 또 세계 4대 식량 중 하나예요. 성경에 나오는 선악과가 사실은 사과가 아니라 바나나라는 이야기가 있을 정도로 신비함을 간직한 과일이기도 하죠. 그런데 이상한 게 있어요. 바나나에 씨가 안 보여요. 딸기도 씨가 있는데 바나나는 아무리 들여다봐도 씨를 찾을 수가 없어요. 바나나 씨는 도대체 어디로 간 걸까요?

 지금까지 알려진 바나나는 수백 종류가 넘어요. 그중 우리가 먹는 바나나는 캐번디시 품종인데요. 캐번디시는 씨 없는 바나나예요. 야생 바나나는 씨가 있어요. 바나나 씨는 돌처럼 단단해 먹을 수 없는 데다가 촘촘히 박혀 있어 제거하기도 힘들어요. 다행히 캐번디시는 씨가 없어 먹기 편하지만 야생 바나나처럼 씨로 번식할 수는 없어

요. 그렇다면 씨 없는 캐번디시는 어떻게 번식할까요?

그 비밀은 영양 번식에 있어요. 영양 번식은 식물의 영양 기관^{잎, 줄기, 뿌리}을 이용해 번식하는 거예요. 대나무가 죽순^{땅속 줄기에서 나온 대나무의 어린싹}으로 번식하듯 캐번디시 바나나는 알줄기로 번식해요. 알줄기는 땅속 줄기에서 나온 어린줄기인데 바나나를 수확한 후 밑동을 잘라 내고 6개월이 지나면 알줄기가 나와요.

여기서 눈여겨봐야 할 것은 알줄기예요. 알줄기는 캐번디시의 일부이기 때문에 캐번디시와 유전자가 똑같아요. 그래서 알줄기로 번식하면 복사한 것처럼 똑같은 캐번디시가 나와요. 전 세계의 모든 캐번디시는 수십 년 전 발견된 단 한 그루의 캐번디시에서 시작되었어요. 그래서 모든 캐번디시의 유전자는 똑같아요. 이 말은 어떤 캐번디시가 전염병에 걸리면 나머지도 똑같이 걸릴 수밖에 없다는 뜻이에요. 유전자가 같으니 모두 같은 병에 걸리는 거예요. 실제로 전 세계의 캐번디시 바나나는 마름병^{식물이 말라 죽는 병}을 일으키는 곰팡이 전염병 때문에 멸종 위기에 놓였어요.

영양 번식은 무성 생식의 한 종류예요. 무성 생식은 말 그대로 이성의 배우자 없이 혼자서 번식한다는 거예요. 무성 생식의 반대는 유성 생식인데요. 유성 생식은 다른 짝과 결합해 번식하는 방법이에요. 야생 바나나는 유성 생식을 해요. 그래서 유전적으로 다양한 바나나가 생기고 그중에는 전염병에도 강한 바나나가 태어나기도 해요. 그러니까 바이러스나 기생충에 전염돼 죽는 바나나도 있지만 그렇지 않은 바나나도 태어난다는 거예요. 유성 생식은 유전적으로 다양한 자손을 낳기 때문에 멸종의 위험도 적어요.

그런데 유성 생식하던 바나나에 어떤 변화가 생겨 무성 생식하는 바나나가 만들어진 거예요. 진화란 정해진 방향이 없어요. 씨로 번식하던 바나나가 우연히 알줄기로 자손을 남기면서 오늘날 캐번디시 바나나의 조상이 된 거죠. 오랜 세월을 알줄기로 버텨 왔지만 전염병 공격으로 멸종의 위기에 내몰린 캐번디시. 씨 없는 바나나의 운명이 멸종으로 끝날지 아니면 진화의 길목에서 다른 돌파구를 찾을지 두고 볼 일이에요.

19. 지구 온난화로 바다거북이 멸종 위기라고요?

해양 생물 중에는 천 조각이 바람에 나풀거리듯 헤엄치는 편형동물이 있어요. 화려한 외모를 가진 이 녀석들은 이상한 짝짓기로 유명해요. 교미를 하려는 상대를 만나면 뾰족하게 튀어나온 생식기를 펜싱 경기 하듯 휘둘러요.

사실 이들은 암컷과 수컷 역할을 모두 할 수 있는 암수한몸^{자웅동체}이에요. 그런데도 이런 행위를 하는 이유는 정자를 전해 주기 위해서예요. 찌르고 막고 피하기를 반복하며 길게는 한 시간가량 벌이는 이 경기의 승자는 상대를 찌른 쪽이에요. 생식기에 찔린 쪽은 강제로 정자를 넘겨받아 알을 만드는 암컷 역할을 하게 돼요.

우리는 암컷과 수컷이 태어날 때 결정된다고 생각하지만 편형동물처럼 그렇지 않은 경우도 많아요. 예를 들어 바다거북의 알은 모래의 온도에 따라 성이 결정돼요. 햇살이 비춰 따뜻해진 모래 속에서는 암컷이 태어나고 그늘진 곳에서는 수컷이 나와요. 바다거북처럼 대부분의 파충류도 온도에 따라 암수가 결정돼요.

애니메이션 영화 〈니모를 찾아서〉에 나오는 흰동가리는 아예 평

생을 수컷과 암컷을 오가며 살아요. 니모의 엄마는 원래 수컷이었어요. 수컷 중에서 덩치가 큰 녀석이 암컷이 되어 알을 낳는 거예요. 그러고는 곁에 있는 수컷이 죽으면 원래의 수컷으로 되돌아가요. 그러니까 니모의 엄마도 원래는 수컷이었지만 니모를 낳기 위해 암컷이 된 거예요. 아들로 태어난 니모도 언젠가 엄마와 같은 운명을 겪을지 몰라요.

생물학에서 말하는 암컷이란 큰 생식 세포를 가진 쪽이에요. 난자는 정자보다 크기 때문에 난자를 가진 쪽이 암컷이에요. 새끼를 낳고 기른다고 무조건 암컷이 되는 것은 아니에요. 예를 들어 해마는 암컷이 난자를 뿌리고 수컷은 알을 부화시켜 새끼를 길러요. 사람이라면 엄마가 아빠한테 난자를 건네 주고 아빠가 임신을 하는 거죠.

최근 연구에 따르면 여러 종류의 바다거북이 멸종 위기라고 해요. 기후 위기로 모래 온도가 높아져 암컷은 늘고 수컷은 줄었기 때문인데요. 암컷이 많이 태어나면 알을 많이 낳으니 당장은 좋지만 수컷이 적어지면 그만큼 유전적 다양성이 줄어들어 환경에 적응하지 못하고 멸종할 가능성도 커지죠. 기후 위기가 몰고 올 변화가 단지 남극과 북극의 얼음을 녹이고 해수면 높이를 올리는 것만이 아니라는 거예요. 또 다른 연구에 따르면 오염된 바닷물이나 강물에 살고 있는 수컷 물고기가 암컷처럼 난자를 갖는 경우가 있다고 해요. 살충제 같은 화학 물질과 중금속이 마치 환경 호르몬처럼 작용해 기형 물고기를 만들어 낸 거죠.

 암컷과 수컷이라는 성$^{性, sex}$은 운명이 아니에요. 태어날 때 결정되는 것도 아니고 죽을 때까지 변하지 않는 것도 아니에요. 살면서 바뀌기도 해요. 이는 생태계의 자연스러운 모습이기도 해요. 하지만 인간이 몰고 온 환경 오염과 기후 위기가 자연스러운 성의 경계를 무너뜨린다면 그건 생태계를 위협하는 것이고 멸종을 앞당기는 일이에요. 어이없는 멸종이 벌어지기 전에 하루빨리 인간에 의한 자연 파괴를 막아야 해요.

햇살이 비춰 따뜻해진 모래 속에서는 암컷이 태어나고 그늘진 곳에서는 수컷이 나와요. 바다거북처럼 대부분의 파충류도 온도에 따라 암수가 결정돼요.

4
진화하는 인류 이야기

20. 두 발 걷기가 중요하다고요?

　여러분은 네 발로 걸을 수 있나요? 물론 아기처럼 두 손 두 발로 기어갈 수는 있을 거예요. 하지만 그렇게는 달리기 시합을 나갈 수도 오래 걸을 수도 없어요. 침팬지도 그래요. 인간처럼 두 발로 서고 걸을 수 있지만 오래 서 있을 수도 멀리 갈 수도 없어요. 두 발로 온전히 서고 걷고 달릴 수 있는 동물은 인간이 유일해요.

　진화론의 토대를 닦은 찰스 다윈은 인간의 특징으로 두 발 걷기^{직립 보행}와 큰 두뇌, 도구의 이용 등을 이야기했는데요. 그중에 두 발 걷기야말로 인간을 인간답게 만든 최초의 특징이에요. 두 발 걷기를 하면서 앞발이 자유로워졌어요. 앞발은 곧 손이 되었고 인간은 손으로 도구를 만들었어요. 또 두 발로 걸으면서 가슴이 편해지고 숨쉬기도 좋아졌으며 목소리도 잘 나오게 되었어요. 다양한 목소리를 내게 된 인간은 언어를 만들었어요. 말하기를 통한 정보의 교환과 저장, 이용은 두뇌를 크게 발달시켰어요. 다시 말해 인간의 모든 특징은 두 발 걷기에서 시작된 거예요.

　인간과 침팬지는 하나의 뿌리 즉 같은 조상에서 나왔어요. 그래

서 인간과 침팬지는 비슷해요. 유전자의 99퍼센트가 서로 같다고 하니까요. 그런데도 인간은 침팬지와 다른 모습으로 다르게 살아가요. 두 발 걷기가 대단한 이유는 여기에 있어요. 커다란 두뇌와 도구의 이용도 알고 보면 인간이 두 발로 걷게 된 이후에 일어난 변화잖아요. 인간이 과학 기술을 이용해 문명을 일으키고 도시에서 살아가게 된 데에는 숲에서 나무 타기를 하던 인류의 조상이 두 발로 걸어 아프리카 초원으로 나아간 진화의 역사가 자리 잡고 있는 거예요.

하지만 두 발 걷기가 축복인 것만은 아니에요. 커다란 이점을 제공했지만 그 대가로 허리 병과 출산의 고통을 요구했어요. 윗몸을 꼿꼿이 세워 걷다 보니 뼈가 눌려 허리 병이 생긴 거예요. 사람이 나이가 들면 허리가 꼬부라지는 이유가 여기에 있어요. 또 비틀거리지 않고 제대로 걷기 위해 다리뼈 사이가 가까워지고 골반이 작아지면서 아기가 나오는 길산도도 좁아졌어요. 게다가 두뇌가 발달하면서 커진 머리가 좁은 산도를 빠져나오지 못해 아기를 낳다 죽는 산모가 많아졌어요.

오래전 인류의 조상과 침팬지의 조상은 자매나 형제 아니면 남매였을 거예요. 같은 어미로부터 태어난 이들은 숲에서 나무 타기를 즐기고 열매를 따 먹으며 함께 지냈지만 진화의 갈림길에서 인간은 두 발로 걷는 길을 택했어요. 두 발 걷기로 얻은 손과 목소리의 자유는 오늘날 인류 사회를 건설하는 데 커다란 힘이 되었지만 그 힘은 또한 지구 환경을 파괴하고 기후 위기를 몰고 왔어요. 그 때문에 우리 생명뿐만 아니라 숲속에 사는 인류의 먼 친척들 목숨마저 위험하게 되었어요. 두 발 걷기로 진화한 인류가 스스로 멸종의 길을 걷고 있는 것은 아닌지 뒤돌아볼 필요가 있어요.

21. 수다가 인류를 진화시켰다고요?

카카오톡이나 페이스북 같은 메신저를 써 본 친구들은 알 거예요. 사람들이 메신저에서 얼마나 수다스러운지. 자판을 두드리다 보면 시간 가는 줄도 몰라요. 잠깐 사이에도 읽지 않은 메시지 수가 엄청 늘곤 하죠. 사람들은 원래 이렇게 수다스러운 걸까요?

사람들이 수다스러워진 것은 불을 가까이 둔 이후라고 생각해요. 불은 신비한 힘을 가졌거든요. 어둠 속에서 촛불 하나만 켜도 사람들은 속마음을 꺼내고 말수가 적은 사람도 말하기 시작해요. 춤추듯 흔들리는 불을 보고 있으면 왠지 사람들과 이야기하고 싶은 충동이 일어나죠. 연구에 따르면 인류가 불을 발견한 것은 아주 오래전이지만 불을 지펴 주위를 밝히고 둘러앉아 이야기를 하기 시작한 것은 불과 50만 년 전이라고 해요. 수다쟁이 인류가 나타난 것은 아마 이때쯤일 거예요.

그런데 사람들은 무슨 수다를 떨까요? 우리는 신기하게도 가족을 만나면 가족 이야기, 친구를 만나면 친구 이야기만 해야 할 것 같은데 왜 그런지 다른 사람 이야기도 해요. 그것도 꽤, 아주 많이요. 재

있는 건 유명 연예인 이야기를 정말 많이 한다는 사실이에요. 그 사람은 내 얼굴도 모르는데 우리는 그 사람 이야기를 해요. 무슨 프로그램에 나오고 무슨 옷을 입었더라. 언제 결혼한다더라. 생일은 언제더라. 부모님 생일은 몰라도 연예인 생일은 줄줄이 꿰는 것처럼 우리는 다른 사람들 이야기에 관심이 아주 많아요.

그럼 다른 사람 이야기를 하는 이유가 뭘까요? 그건 살기 위해서예요. 알다시피 인류는 날카로운 송곳니도 빠른 발도 없어요. 게다가 덩치도 작고 힘도 약해요. 혼자서는 사슴은커녕 작은 새 한 마리도 잡지 못해요. 그런데 인류는 사자도 잡고 코끼리도 잡아요. 그 비결은 정보에 있어요. 누구랑 어떤 사슴을 쫓고 언제 창을 던지고 얼마만큼 고기를 나눌지 정보를 주고받고 이해하는 거예요. 그러기 위해서는 자기가 속한 사회의 구성원들에 대한 정보가 필요해요. 그 정보를 모으고 나눌 때 필요한 것이 바로 수다예요.

집단의 크기가 커지면 나눠야 할 정보의 양은 훨씬 많아져요. 한 사람이 늘어나면 한 사람 분량의 정보만이 아니라 집단 구성원들과 연결된 모든 정보가 함께 늘어나요. 그 사람이 사냥을 잘하거나 힘이 센 사람이고, 나무 열매 위치를 잘 아는 사람이라면 수다 떨 정보도 그만큼 늘어나죠. 즉 집단 구성원이 많아지면 많아질수록 정보를 처리해야 할 두뇌도 덩달아 발달할 수밖에 없어요. 수다가 인류를 진화시켰다는 것은 이런 뜻이에요.

우리가 연예인 이야기로 웃음꽃을 피우고 메신저로 시간 가는 줄 모르는 이유도 알고 보면 수십만 년 전 모닥불 주변에 모여 앉아 다른 사람들 이야기로 수다를 떨었던 인류를 우리의 조상으로 두었기 때문일지 몰라요. 수다를 떨 중요한 재료가 집단의 우두머리에서 유명 연예인으로 옮겨진 것을 뺀다면 예나 지금이나 인류가 수다쟁이였다는 사실에는 변함이 없네요.

22. 원시인도 패스트푸드를 좋아할까요?

패스트푸드를 좋아하나요? 물론 햄버거나 피자 같은 패스트푸드는 올바른 먹거리가 아니에요. 멀리서 탄소 발자국을 남기며 수입되는 것도 그렇지만 짜고 달고 기름진 음식은 자칫 비만의 원인이 되고 건강을 해치니까요. 그런데도 우리는 패스트푸드를 좋아해요. 왜 그럴까요?

여기에는 굶주림을 극복하고 살아남아야 했던 인류 조상들의 전략이 숨어 있어요. 김병만의 〈정글의 법칙〉을 보면 사냥감을 쫓아 산과 들을 뛰어다니고 또 물속에도 들어가고 나무 타는 장면도 나오는데요. 제작진이 밥을 주지 않기 때문에 멤버들은 하는 수 없이 스스로 식량을 구해야 해요. 원시 부족 체험 프로그램에서 가장 중요한 것은 물을 찾고 음식을 구하는 거예요. 〈정글의 법칙〉에서 멤버들이 대부분의 시간을 사냥하거나 열매를 찾아다니며 보내는 것은 그런 이유 때문이에요.

수십만 년 전, 엘리베이터나 자동차는 물론 칼과 망치도 없던 시절에 인류 조상들은 〈정글의 법칙〉처럼 하루를 고된 활동으로 채워

야 했어요. 물과 음식을 구하는 활동뿐만 아니라 맹수와 싸우고 모기나 벌레를 피하고 물과 음식을 구하러 수십 킬로미터를 걷고 뛰어야 했을지 몰라요. 이 모든 활동에는 많은 에너지가 필요해요.

그런데 패스트푸드는 짜고 달고 기름져요. 짠맛의 염분은 세포 활동에 필수이고 단맛의 당분은 에너지를 만들어요. 또 기름진 지방

성분은 열량이 높고 두뇌 발달에 필요해요. 다시 말해 염분과 당분 그리고 지방은 인류 조상들에게 반드시 필요했던 영양소예요. 오늘날 우리가 패스트푸드를 좋아하는 이유는 짜고 달고 기름진 성분을 좋아했던 원시 인류를 우리의 조상으로 두었기 때문일지 몰라요.

  인류는 과거부터 패스트푸드 같은 음식을 좋아하는 쪽으로 진화했어요. 그리고 또 다른 방향으로도 진화했어요. 영양소가 풍부한 음식을 맛볼 기회가 생기면 남는 영양소를 저장하는 거예요. 지금 당장은 필요 없지만 나중을 위해 두꺼운 지방층으로 뱃살이나 엉덩이에 저축하는 거죠. 특히 지방은 열량이 높기 때문에 생존에 큰 도움이 돼요. 덕분에 지금 당장 식량을 구할 수 없어 며칠씩 굶어도 인류는 죽지 않게 되었어요. 인류가 지금껏 생존할 수 있었던 가장 큰 이유 중 하나가 바로 이 능력에 있을지 몰라요.

  확실히 진화에는 방향도 목적도 없어요. 인류의 생존 능력이 목적인 것처럼 보이는 진화도 또 다른 방향에서 보면 생존 능력을 떨어뜨리는 것처럼 보이니 말이에요. 영양소가 넘쳐나는 요즘 세상에도 인류는 패스트푸드 같은 고열량의 음식을 찾고 있어요. 분명 아동 비만이나 성인병이 많아진 것은 패스트푸드를 많이 먹은 것과 관계가 있어요. 인류 조상들의 생존을 도왔던 전략이 오늘날 우리의 몸을 망치고 있는 거예요. 결국 진화란 정해진 방향도 나아갈 목표도 없이 그때그때 상황에 맞춰 변화하는 것일 뿐이에요.

23. 인류는 어쩌다 최고의 사냥꾼이 되었을까요?

 인류의 조상들은 하루 중 언제 활동을 했을까요? 선선한 아침에? 아니면 시원한 저녁에? 둘 다 아니에요. 인류는 사자 같은 대형 육식 동물이 쉴 때를 노려 한낮에 활동했어요. 맹수와 부닥쳐 잡아먹히는 것보다 덥더라도 한낮에 돌아다니는 편이 나았던 거예요. 하지만 땡볕에 사냥을 나가는 것은 위험천만한 일이에요.

이유는 털 때문이에요. 여러분이 오리털이나 양털 점퍼를 단단히 껴입고 한낮의 아프리카 세렝게티 초원을 뛴다고 상상해 보세요. 사냥감을 쫓아 전력으로 달린다면 아마 기절할 정도로 더울 거예요. 심하면 체온 조절에 실패해 열사병으로 죽을 수도 있어요. 사자가 한낮에 사냥을 하지 않는 데에는 이런 이유가 있는 거예요.

이럴 때 우연히 털 없는 인류가 나타났어요. 털이 사라진 인류는 대신 땀을 얻었어요. 땀은 증발하면서 주변의 열을 빼앗아요. 물수건으로 손이나 얼굴을 닦으면 시원해지는 것처럼 땀은 물로 작동하는 수냉식 에어컨인 셈이에요. 땀 덕분에 체온 조절을 하게 된 인류는 한낮에도 사냥할 수 있게 되었어요. 물론 털이 진짜로 사라진 건 아니에요. 단지 눈에 잘 보이지 않을 만큼 얇고 짧아졌을 뿐이에요. 어쩌다 소름이 돋아 털이 바짝 곤두설 때 우리는 털이 있다는 사실을 그때야 깨달을 수 있죠. 어쨌든 인류는 진화를 통해 매끈한 피부를 갖게 되었어요.

땀으로 체온 조절을 할 수 있게 된 인류는 오래 달릴 수 있었어요. 사람보다 더 오래 달릴 수 있는 동물은 말 정도밖에 없어요. 사냥감이 지쳐 쓰러질 때까지 하루 종일 뒤쫓을 수 있는 동물은 사람이 유일해요. 게다가 사람은 돌과 창이라는 강력한 무기를 들고 뛸 수 있어요. 인류가 최고의 사냥꾼이 된 데에는 이런 이유가 있던 거예요.

그런데 여기엔 문제가 있어요. 털은 햇빛 특히 자외선을 막아 주는 천연 차단제인데요. 자외선은 피부암의 원인이에요. 땀과 매끈한 피부를 얻었지만 그 덕분에 피부암에 걸릴 위험성이 커진 거예요. 이때 우연히 멜라닌 색소를 가진 인류가 등장해요. 멜라닌 색소는 자외선을 막아 주는 피부 색소인데 이것이 많을수록 피부색이 짙어져요. 햇빛이 강한 아프리카 적도 쪽으로 갈수록 피부색이 짙어지고 반대로 햇빛이 약한 극지방 쪽으로 갈수록 피부색이 옅어지죠. 그래서 과학자들은 아프리카 초원을 뛰어다닌 최초의 인류는 검은 피부^{흑인}를 가졌다고 생각해요.

인류는 필요에 의해 털을 버리고 대신 땀과 검은색의 매끈한 피부를 얻었어요. 덕분에 체온 조절에 성공해 오래 달릴 수 있게 되었고 지상 최고의 사냥꾼이 되었어요.

24. 인류가 화성에서 살면 어떻게 될까요?

화성에서 인류가 살아갈 수 있을까요? 영화 〈마션〉을 보면 홀로 남겨진 우주 비행사가 화성 기지에서 561일 동안 살아가는 모습이 나오는데요. 주인공은 기지 안으로 화성의 흙을 퍼 와 밭을 일구고 똥으로 거름을 만들어 감자를 재배해 먹습니다. 비록 뜻밖의 사고로 감자 농사는 망하고 말았지만 화성에서 인류가 생존할 가능성을 영화는 잘 보여 주었어요.

2016년 9월 우주 항공 기업 스페이스X의 창업자인 일론 머스크는 2050년까지 화성에 100만 명이 거주할 도시를 건설하겠다고 발표했어요. 화성은 최저 기온이 무려 영하 140도예요. 우주복이 없으면 얼어 죽어요. 공기도 희박하고 산소도 없어 숨 쉴 수가 없어요. 다행이라면 공기의 주성분이 이산화탄소라 식물 재배는 가능하다는 거

예요. 이산화탄소는 식물이 광합성을 할 때 필요하거든요. 또 얼음을 녹여 물을 만들고 이것을 전기 분해하면 산소와 수소를 얻을 수 있어요. 산소로는 숨을 쉬고 수소로는 에너지를 생산할 수 있죠. 이것저것 따져 보면 화성에서 살아가는 게 불가능한 것만은 아니에요.

그런데 인류가 화성에서 계속 살면 어떻게 될까요? 수만 년이 지나면 과거 인류의 조상들이 지구 환경에 적응하며 진화했듯 화성에서도 그런 일이 벌어질까요? 결론부터 말하자면 인류는 화성에서 진화할 거예요. 다만 우리가 상상하지 못한 방향일 가능성이 커요.

무엇보다 두뇌가 작아질 수 있어요. 이유는 휴대폰 때문이에요. 요즘 전화번호를 외우는 친구들은 없을 거예요. 휴대폰에 저장되기 때문에 외울 필요가 없죠. 이제 휴대폰은 작은 통신 기기가 아니라 거대한 데이터 센터예요. 인터넷에 연결된 휴대폰은 거의 모든 정보를 들여다보고 조작할 수 있는 도구예요. 한두 번의 터치로 방대한 정보에 접근할 수 있는데 굳이 외워서 두뇌에 저장할 필요가 없어진 거예요. 그만큼 큰 두뇌를 유지할 이유도 적어졌어요.

지구도 이런데 화성은 말할 것도 없어요. 언제 무슨 일이 생길지 모르는 화성 기지에서 휴대폰 없이 생활한다는 것은 꿈도 꿀 수 없어요. 기술이 더 발달하면 휴대폰을 몸속에 집어넣거나 옷처럼 입거나 인공 지능으로 작동시킬 수도 있고요. 두뇌 축소는 지구인이 화성인으로 진화할 때 가장 먼저 겪는 변화가 될 수 있어요.

화성의 중력은 지구보다 훨씬 작기 때문에 근육이 약해질 수 있어요. 특히 중력을 거슬러 머리 쪽으로 피를 보내야 하는 부담이 적어진 만큼 심장의 근육이 약해질 가능성도 있어요. 또 화성의 희박한 공기로는 우주에서 날아오는 방사선을 막기 어렵기 때문에 암에 걸릴 확률이 높아질 수 있어요. 피부색은 어떨까요? 아마 지금처럼 다양할 거예요. 햇빛이 약하기 때문에 피부색이 옅어질 수도 있지만 비타민 D를 충분히 섭취한다면 피부색은 변하지 않을 거예요.

우리의 모습은 과거 인류 조상에게서 왔지만 그들과 똑같지 않듯이 미래 인류의 모습 또한 현재의 우리와 다를 거예요. 화성이라는 새로운 환경 속에서 인류는 빠르게 진화할 가능성이 높아요. 먼 훗날 태양계를 여행하는 우주인이 있다면 지구인과 화성인을 늑대와 개만큼이나 다르게 볼지 몰라요.

25. 당신은 원숭이의 후손입니까?

　1860년 6월 영국 옥스퍼드 대학교 자연사 박물관의 대강당. 1000여 명의 관중이 모인 토론회에서 종교계를 대표해 참석한 윌버포스 대주교가 진화론을 반대하며 이렇게 외쳤어요. "당신이 원숭이의 후손이라면 할아버지 쪽이 원숭이입니까, 아니면 할머니 쪽이 원숭이입니까?" 순간 대강당에 모인 사람들이 웃음을 터트리고 박수를 치며 난리가 났어요.

　그러자 과학계를 대표해 토론자로 나선 헉슬리가 조용히 자리에서 일어났어요. 헉슬리는 다윈의 진화론을 열렬히 지지하는 생물학자로서 사람들과 말다툼하기를 싫어하는 다윈을 대신해 기꺼이 논쟁에 참여했어요. 관중을 향해 헉슬리는 침착하게 찰스 다윈의 진화론을 설명하고는 마지막으로 한마디 덧붙였어요. "중요한 과학 토

론을 웃음거리로 만드는 데 자신의 능력을 쓰려는 당신 같은 인간을 할아버지로 두느니 차라리 원숭이를 할아버지로 두겠소." 헉슬리의 반격으로 토론장의 분위기는 숨 막힐 정도로 뜨거워졌고 어떤 사람은 기절해 버렸어요.

 진화론을 놓고 벌인 역사적인 토론이었지만 윌버포스는 상관도 없는 헉슬리의 할아버지 할머니를 조롱하는 잘못을 저질렀어요. 헉슬리의 집안을 욕보이는 것으로 엄숙한 토론 분위기를 망친 것이죠. 이날의 토론이 헉슬리의 승리로 기록된 데에는 이런 이유도 있어요.

 신이 창조한 세상의 모든 생명은 언제나 처음 모습 그대로이며 변할 수 없다고 믿었던 당시의 사람들에게 다윈의 진화론은 결코 받아들일 수 없는 도전이었어요. 윌버포스가 했던 것처럼 상대방을 비난하고 모욕을 줘서라도 진화론을 부정하고 싶었던 거예요.

 다윈이 진화론을 세상에 내놓은 지 160여 년이 지났어요. 그동안 과학 기술은 X선이나 전자 현미경으로 화석을 분석할 만큼 발달했고 생물학은 유전자에 새겨진 진화의 증거를 찾아낼 만큼 성장했어요. 수억 년 전 박테리아보다 작은 원시 세포에서 최초의 생명이 탄생했으며 모든 생물의 조상이 되었다는 것도 알게 되었어요. 과학자들은 또한 원숭이가 사람의 조상이 아니라는 사실도 밝혀냈어요. 원숭이가 진화해 사람이 된 것이 아니라는 거죠. 정확히 말하면 사람과 원숭이는 조상이 같아요.

이렇게 인류의 진화에 대해 많은 사실이 밝혀졌지만 아직까지도 윌버포스가 했던 말을 되풀이하는 사람이 많다는 것은 참으로 놀라운 일이에요. "원숭이가 진화해 사람이 되었다면 사람이 되려는 원숭이가 왜 길거리에 돌아다니지 않는가?" 방금 이야기했지만 원숭이가 진화해 사람이 된 것이 아니에요.

몇만 년 전까지만 해도 지구에는 우리를 포함해 여섯 종류의 인류가 함께 살았어요. 그중에는 영화 〈반지의 제왕〉에 나오는 호빗족처럼 작은 키의 난쟁이 인류도 있었어요. 이 다양한 인류는 어떻게 진화했을까? 왜 모두 멸종하고 지금 우리만 살아남았을까? 우리도 언젠가 멸종하지 않을까? 이렇게 의심하고 질문하는 것이야말로 진실에 다가서는 방법이에요.

잠시 과거로 돌아가 상상을 해 보죠. 생물학 역사상 가장 유명한 토론 중 하나가 벌어진 그날, 윌버포스가 상대방을 조롱하는 대신 진화론을 의심하고 질문하며 진지하게 논쟁을 벌였다면 어떻게 되었을까요? 다른 건 몰라도 진화론을 포함한 생물학은 빠르게 발전했을 거예요. 우리가 상상하는 것 이상으로.

26. '종의 기원'이 뭐예요?

 오래전부터 사람들은 새로운 품종 만들기를 좋아했어요. 육종가_{새로운 품종을 만드는 사람}들은 길고 멋진 털을 가진 고양이끼리 교배시켜 페르시아고양이를 만들고 짧은 다리를 가진 녀석들만 골라 교배시켜 먼치킨이라고 하는 귀여운 고양이를 얻었어요. 찰스 다윈이 『종의 기원』을 펴낸 1859년 당시 영국 부자들의 취미 중 하나도 육종이었어요.

 『종의 기원』은 다윈이 자신의 진화론을 주장하기 위해 쓴 책이에요. 그런데 앞부분을 비둘기의 품종을 만드는 방법과 그렇게 해서 탄생한 비둘기 종류를 여러 페이지에 걸쳐 아주 자세히 적어 놨어요. 진화론을 주장하기도 바쁜데 상관도 없는 비둘기 품종 개량법에 대해 굳이 설명한 이유는 무엇일까요? 그건 사람의 손에 의해 생

물종이 변할 수 있다는 사실을 알리기 위해서였어요.

수백 년 전만 해도 유럽 사람들은 태양이 지구를 돈다^{천동설}고 믿었어요. 신이 창조한 세상의 한가운데에 지구가 있고 온 우주는 지구를 중심으로 돈다고 말이에요. 그들은 또한 신이 창조한 우주는 완벽하기 때문에 그 안의 생명들 또한 변하지 않는다고 믿었어요. 이러한 종교적 믿음은 다윈의 시대에도 크게 달라지지 않았어요. 다윈이 진화론을 주장하려면 우선 이들을 설득하는 것이 중요했어요. 그래서 다윈은 『종의 기원』에서 생물이 변할 수 있다는 사실을 친절하게 보여 준 거예요. 인간도 몇 년 만에 이 정도로 생물을 변화시킬 수 있는데 자연은 어떠한가? 더 대단하지 않을까? 다윈은 이렇게 말하고 싶었던 거예요.

최근 과학자들은 유전자를 넣고 자르고 이어 붙여 새로운 생물종을 만들어 내고 있어요. 깊은 바다에서 빛을 내는 해파리의 유전자를 감자에 넣기도 하고 북극 넙치 유전자를 토마토에 넣기도 해요. 물을 줄 때가 되면 감자가 스스로 빛나고 추운 지방에서도 토마토가 얼어 죽지 않기를 기대했던 거죠. 이제는 생물종이 인간에 의해 너무 쉽게 너무 많이 변해서 문제예요.

380여 년 전 갈릴레오는 지구가 태양을 돈다^{지동설}고 주장해 종교 재판을 받았어요. 하지만 손바닥으로 하늘을 가릴 수는 없는 법이에요. 1992년 마침내 로마 교황청은 당시의 종교 재판이 잘못되었다며 지동설을 주장한 갈릴레오의 죄를 용서했어요. 이제야 종교가 천동설의 굴레에서 벗어난 거예요.

갈릴레오가 우주의 중심이 지구라는 세계관을 무너뜨렸듯이 다윈은 신이 창조한 생물종은 절대로 변하지 않는다는 종교적 믿음을 깨뜨렸어요. 인류 역사상 가장 위대한 생각의 전환이 이루어진 거예요. 그리고 이 대사건은 『종의 기원』으로부터 시작되었어요.

인간도 몇 년 만에 이 정도로 생물을 변화시킬 수 있는데 자연은 어떠한가? 더 대단하지 않을까? 다윈은 이렇게 말하고 싶었던 거예요.

27. 찰스 다윈이 문제아였다고요?

어느 날 찰스 다윈의 아버지 로버트 다윈은 이렇게 소리쳤어요. "너는 사냥과 개, 쥐잡기 말고는 관심이 없구나. 이러다가 너는 가문의 수치가 되고 말거다." 하라는 공부는 안 하고 집에서 빈둥거리다 사냥이나 가고 곤충 채집에 열을 올리는 아들에게 단단히 화가 났던 거예요.

1809년 다윈은 의사 집안에서 태어났어요. 할아버지와 아버지, 삼촌 모두 의사였어요. 이런 집안 분위기 때문에 다윈의 장래 직업은 이미 의사로 결정되어 있었고 아버지의 뜻에 따라 의대에 들어가게 되었어요. 하지만 중간에 의학 공부를 그만두었어요. 그때만 해도 마취제가 발명되기 전이라 수술실은 끔찍했어요. 아픔을 견디지 못한 환자가 비명을 지르고 사방으로 피가 튀었어요. 겁먹은 다윈은 결국 학교를 뛰쳐나가고 말았어요.

크게 실망한 아버지는 이번에는 다윈을 성직자로 만들기 위해 신학 대학에 보냈어요. 하지만 다윈은 여기서도 열심히 공부하지 않았어요. 마음은 이미 콩밭에 가 있는데 공부가 될 턱이 없었죠. 다윈나도 가문의 수치란 소리를 듣고 자랐어요.
하지만 결국 종의 기원이란 책을 남겼죠.
그러니 여러분도 행복하고 즐거운 일을 하세요.

은 어릴 적부터 식물 이름 맞추기를 좋아했고 새알이나 조개껍데기, 돌멩이, 곤충 등을 수집하는 남다른 취미가 있었어요. 특히 딱정벌레에 관심이 많았어요. 다윈이 얼마나 딱정벌레 채집에 열중했는지 알려 주는 재미있는 이야기가 있어요.

하루는 다윈이 보기 드문 딱정벌레를 잡아 기분 좋게 양손에 들고 있었는데 또 다른 딱정벌레가 나타난 거예요. 새로운 딱정벌레를 놓칠까 마음이 급해진 다윈은 얼떨결에 한쪽 손에 들고 있는 딱정벌레를 입안에 집어넣었어요. 그러자 입안이 타들어 가는 아픔을 느꼈어요. 딱정벌레가 자극적인 액체를 쏜 거예요. 다윈은 딱정벌레를 뱉었고 결국 손에 들고 있던 딱정벌레까지 놓치고 말았어요.

다윈은 아버지의 바람대로 신학 대학을 졸업했지만 성직자가 되지는 않았어요. 목사의 길을 걷는 대신 비글호를 타고 남아메리카 탐사 길에 올랐어요. 몇 년간의 탐사를 마치고 돌아온 다윈은 자료를 정리하는 과정에서 진화론을 생각해 냈고 결국 『종의 기원』이라는 세상을 뒤엎은 혁명적인 책을 남기게 되었어요.

한때 가문의 수치가 될 거라는 꾸지람을 들었던 다윈. 그렇지만 다윈은 『종의 기원』을 남겼고 인류가 영원히 기억하는 위대한 과학자가 되었어요.

28. 다윈은 왜 비글호를 탔나요?

신학 대학을 졸업한 후 다윈은 자신을 가르친 선생님이지만 친구처럼 지내던 헨슬로 교수로부터 비글호를 타지 않겠느냐는 제안을 받았어요. 비글호는 원래 대포가 딸린 군함인데 남아메리카의 해안선을 조사하기 위해 탐사선으로 다시 만들었어요.

1800년대 초는 영국이나 유럽의 여러 나라가 식민지를 차지하기 위해 바다에 배를 띄우고 새로운 항로를 개척하던 때였어요. 그래서 세계 각 지역의 자원을 조사하는 것은 탐사선의 중요한 임무 중 하나였고, 식물과 동물의 표본을 만들고 기록할 박물학자가 배에 올랐어요.

또 당시는 귀족들이 아랫사람들과 함께 식사하지 않았어요. 비글호에도 박물학자가 있었지만 신분이 낮았기에 이 배의 주인이자 선장인 로버트 피츠로이는 긴 항해 동안 자신과 함께 밥도 먹고 이야기를 나눌 신사를 찾고 있었어요. 다윈은 두말하지 않고 가겠다고 했어요. 정식 박물학자는 아니지만 진귀한 식물과 동물을 관찰할 기회를 놓치고 싶지 않았던 거예요. 하지만 아버지가 한사코 반대했어요. 결국 외삼촌의 도움으로 아버지를 설득하여 1831년 다윈은 선장의 말동무이자 예비 박물학자로서 비글호에 탑승하게 되었어요.

　22살 청년 다윈을 태운 비글호는 바다를 건너고 대륙을 돌며 5년 가까이 항해했어요. 다윈은 뱃멀미로 고생하면서도 관찰과 기록을 멈추지 않았어요. 파도에 깎여 나간 해안 절벽을 보면서 단단한 바위도 오랜 시간이 지나면 저렇게 변하는구나 느꼈어요. 4000미터가 넘는 안데스 산맥에서 발견된 조개껍데기를 보면서 땅이 바다 밑에서 솟아오를 수 있다는 생각도 하게 되었어요. 또 메가테리움[코끼리만 한 거대 땅늘보]화석을 보면서 멸종에 대해서도 생각했어요. 이런 관찰을 통해 다윈은 세상에 변하지 않는 것은 없다는 생각을 하게 되었을 거예요.

　항해를 이어 가던 중 비글호는 물과 식량을 얻기 위해 남아메리카 대륙으로부터 1000킬로미터 떨어진 갈라파고스 군도[섬이 여러 개 모여 있는 곳]에 잠시 들렀어요. 사람들은 대개 다윈의 진화론이 갈라파고스 군도에서 탄생한 것으로 알고 있지만 사실이 아니에요. 이곳에서 다윈은 갈라파고스땅거북과 갈라파고스가마우지, 바다이구아나 등이 섬에서만 볼 수 있는 생물종을 보았지만 진화의 원리를 그때 생

각해 낸 것은 아니에요. 심지어 다윈은 여러 새들의 표본도 만들었지만 그것들이 핀치새라는 사실을 알지 못했어요. 더 나아가 그것들이 육지에서 우연히 들어온 한 종류의 핀치새에서 진화한 다양한 핀치새 종류라는 사실은 더더욱 몰랐어요. 다윈은 그 새들이 굴뚝새나 검은지빠귀 종류인 줄만 알았어요. 나중에 항해를 마치고 돌아와 표본을 연구한 후에야 다윈은 그것들이 여러 종류의 핀치새인 것을 깨달았고 생물의 진화에 대해 진지하게 생각하게 되었어요.

비글호 항해 동안 다윈은 자신이 보았던 거의 모든 것을 관찰 일기로 기록하고 많은 생물을 표본으로 만들었으며 발견된 화석을 영국으로 보냈어요. 비글호 항해를 마치고 런던의 집으로 돌아왔을 때 다윈은 훌륭한 박물학자가 되어 있었고 그의 손에는 2000페이지에 달하는 두툼한 노트 18권이 들려 있었어요. 이 기록과 표본, 화석을 바탕으로 다윈은 『비글호 항해기』를 썼고 또 진화론을 정리했어요.

다윈이 비글호 항해에서 본 것은 생물종이 시간에 따라 변하고 또 멸종한다는 사실이었어요. 하지만 그 생각을 진화론으로 정리하는 데에는 이후 20여 년이 더 걸렸어요.

29. '생명의 나무'가 뭐예요?

다윈은 생물들의 진화 과정을 하나의 나무로 나타낼 수 있다고 생각했어요. 바로 '생명의 나무'예요. 생명의 나무에서 모든 생물종은 공동의 조상으로부터 갈라져 나온 나뭇가지예요. 예를 들어 사람과 침팬지는 600만 년 전 공동의 조상에서 뻗어 나온 각각의 나뭇가지예요. 사람과 침팬지의 공동 조상은 더 오래전 고릴라의 조상과 헤어졌어요. 그전에는 오랑우탄의 조상과 갈라졌어요.

오랑우탄의 조상과 갈라진 곳에서 나무줄기를 타고 좀 더 올라가면 영장류의 조상도 만날 수 있어요. 물론 굵은 줄기를 더 거슬러 올라가면 포유류와 파충류의 공동 조상도 만날 수 있고요. 이렇게 해서 끝까지 가면 모든 생물종의 공동 조상이 되는 최초의 생명도 만날 수 있어요.

생명의 나무에서 모든 생물종은 가까운 줄기를 공유할수록 가까운 사이예요. 사람은 오랑우탄과 가깝지만 고릴라와 더 가깝고 침팬지와는 제일 가까워요. 이들은 공동의 조상을 두었을 뿐 조상과 후손 관계가 아니에요. 따라서 침팬지는 사람의 조상이 될 수 없어요.

처음에 같은 길을 가던 영장류의 조상이
각자 다른 길로 들어서면서
사람, 침팬지, 고릴라가 된 거다냥.

사람과 침팬지는 공동의 조상으로부터 독립적으로 갈라져 나온 각각의 나뭇가지예요. 결코 침팬지가 진화해서 사람이 된 게 아니에요.

생명의 나무에서 모든 생물종은 평등해요. 잘난 것도 못난 것도 없어요. 사람이 고릴라보다 영리한 것은 사실이지만 그렇다고 사람이 잘난 것은 아니에요. 사람에게 진화가 더 일어난 것도 아니에요. 진화는 사람에게도 고릴라에게도 일어났어요. 다만 진화의 방향이 달라요. 사람은 두뇌가 발달하는 쪽으로 고릴라는 힘이 세지는 쪽으로 진화한 거예요. 두뇌가 발달한 사람이 살아가는 방식과 힘이 센 고릴라가 살아가는 방식이 다를 뿐이에요. 모든 생물종은 자신이 살아가는 환경에 맞춰 진화한다는 것을 생명의 나무가 보여 주고 있어요.

지렁이와 장수하늘소도 그래요. 땅 밑에서 흙을 파먹으며 살아가는 지렁이와 땅 위에서 나무를 파먹으며 살아가는 장수하늘소. 어느 쪽이 더 진화한 생물종일까요? 쇠똥구리는 또 어떤가요? 평생 더러운 똥을 굴리며 살아가는 쇠똥구리가 이들보다 진화가 덜 된 생물종일까요? 아니에요. 이들에게 일어난 진화는 그 방향만 다를 뿐이에요. 지렁이는 흙속에서 살아가도록 진화했고 장수하늘소는 나무를 먹으며 살도록 진화한 거예요. 쇠똥구리 또한 살아가는 데 필요한 모든 양분을 똥에서 얻도록 진화했어요.

생명의 나무에서 나뭇가지들은 모두 연결되어 있어요. 무성한 나무도 결국 하나의 줄기에서 뻗어 나간 거예요. 그 줄기 끝에 매달린 작은 나뭇가지 하나가 사람이에요. 그 나뭇가지들 어딘가에 지렁이가 있어요. 생명의 나무에서 다윈이 보여 준 것은 사람이 지렁이보다 더 특별하지 않다는 사실이에요. 사람이 자연 앞에 겸손해야 하는 것은 그런 이유예요.

30. 자연 선택이 뭐예요?

자연 선택은 간단히 말하면 환경에 적합한 종이 더 잘 살아남는다는 건데요. 예를 들어 어느 지역에 우연히 짧은 목을 갖고 태어난 기린과 우연히 긴 목을 갖고 태어난 기린이 있다고 생각해 봐요. 기린의 먹이가 되는 나뭇잎이 높은 곳에 달려 있다면 목이 짧은 기린들은 먹이 부족에 시달릴 거예요. 결국 시간이 흐르면 경쟁에서 뒤처진 목이 짧은 기린은 죽고 목이 긴 기린들만 살아남을 거예요. 기린의 목이 긴 이유가 이거예요. 목이 긴 기린이 자연적으로 선택된 거죠. 자연 선택은 이처럼 단순하지만 생물이 진화하는 원리를 잘 설명할 수 있는 개념이에요.

만약 기린의 먹이가 되는 나뭇잎이 높은 곳이 아니라 낮은 곳에 있다면 어떤 일이 벌어질까요? 이때는 목이 짧은 기린이 목이 긴 기린에 비해 먹이 경쟁뿐만 아니라 생존 경쟁에서도 유리할 거예요. 부족한 먹이를 놓고 벌이는 경쟁에서 자연은 목의 길이가 길든 짧든 살아남는 쪽을 선택해요. 이것이 자연 선택의 진실이죠.

하지만 자연 선택에서 경쟁이 전부는 아니에요. 기린도 경쟁만 하며 살아가지는 않아요. 다 큰 기린은 혼자 살기도 하지만 기본적으로 무리를 짓고 서로 도와 가며 살아가요. 그래야 자신들을 위협하는 다른 동물들의 공격을 피하고 더 잘 생존할 수 있기 때문이죠.

또 다른 예로 가젤을 들어 볼게요. 사자를 피해 도망치는 가젤에게 가장 필요한 것은 사자보다 빨리 달리는 것이 아니라 동료 가젤보다 빨리 달리는 거예요. 뒤처지는 가젤이 사자에게 먹히기 때문에 자기들끼리 경쟁하는 거죠. 하지만 가젤도 무리를 지어 다니며 풀을 뜯어요. 함께 사자를 경계하는 쪽이 더 안전하기 때문이에요. 이렇게 경쟁은 필요하지만 경쟁만 해서는 살아남을 수 없어요.

다윈은 『종의 기원』에서 자연 선택은 매일 매시간 지구 구석구석을 누비며 부지런히 작동한다고 했어요. 자연 선택은 생명이 있는 곳이면 어디든 일어나요. 자연 선택의 단순한 원리는 지구뿐만 아니라 대기권 밖의 우주 정거장에서도 일어날 수 있어요. 만약 화성에 가서 박테리아가 번식할 수 있는 인공 배양기를 설치해 놓는다면 그곳에서도 자연 선택에 의한 진화가 일어날 거예요. 당연히 경쟁이 일어나겠지만 협력 또한 일어날 거예요. 혼자만 살아갈 수 없기 때문이에요. 자연 선택이 만들어 놓은 세상이란 그래서 더 신비하고 아름다운 것일지 몰라요.